निबन्ध

साहित्य का आत्म-सत्य

लेखक की कृतियाँ

कहानी-संग्रह

परिन्दे (1959), जलती झाड़ी (1965), पिछली गर्मियों में (1968), बीच बहस में (1973), कव्वे और काला पानी (1983), प्रतिनिधि कहानियाँ (1988), सूखा तथा अन्य कहानियाँ (1995), थिगलियाँ (2024)

उपन्यास

वे दिन (1964), लाल टीन की छत (1974), एक चिथड़ा सुख (1979), रात का रिपोर्टर (1989), अन्तिम अरण्य (2000)

यात्रा-संस्मरण/डायरी

चीड़ों पर चाँदनी (1963), हर बारिश में (1970), धुंध से उठती धुन (1997)

निबन्ध/व्याख्यान

शब्द और स्मृति (1976), कला का जोखिम (1981), ढलान से उतरते हुए (1985), भारत और यूरोप : प्रतिश्रुति के क्षेत्र (1991), इतिहास स्मृति आकांक्षा (1991), शताब्दी के ढलते वर्षों में (संचयन, 1995), दूसरे शब्दों में (1997), आदि, अन्त और आरम्भ (2001), साहित्य का आत्म-सत्य (2006), सर्जना पथ के सहयात्री (2006)

नाटक

तीन एकान्त (1976)

अनुवाद

पराजय : अलेक्सांद्र फेदेयेव (1954), बचपन : टॉल्स्टॉय (1954), कुप्रिन की कहानियाँ : अलेक्सांद्र कुप्रिन (1955), रोमियो जूलियट और अँधेरा : यान ओत्चानाशेक (1964), खेल-खेल में : चेक कहानियाँ (1966), इतने बड़े धब्बे : चेक कहानियाँ (1966), झोंपड़ीवाले और अन्य कहानियाँ : मिहाइल सदौवेन्यु (1966), कारेल चापेक की कहानियाँ (1966), बाहर और परे : इर्षी फ्रीड (1967), आर.यू.आर. : कारेल चापेक (1972), एमेके : एक गाथा : जोसेफ़ श्कवोरेस्की (1973)

पत्र

प्रिय राम, प्रिय निर्मल (2006), देहरी पर पत्र (2009), चिट्ठियों के दिन (2009)

साक्षात्कार

संसार में निर्मल वर्मा (2006)

संचयन

दूसरी दुनिया (1978)

साहित्य का आत्म-सत्य

निर्मल वर्मा

राजकमल पेपरबैक्स

पहला **राजकमल** संस्करण 2006 में प्रकाशित

राजकमल पेपरबैक्स में
पहला संस्करण : मई, 2024

राजकमल पेपरबैक्स : उत्कृष्ट साहित्य के जनसुलभ संस्करण

राजकमल प्रकाशन प्रा. लि.
1-बी, नेताजी सुभाष मार्ग, दरियागंज
नई दिल्ली-110 002
द्वारा प्रकाशित

शाखाएँ : अशोक राजपथ, साइंस कॉलेज के सामने, पटना-800 006
पहली मंजिल, दरबारी बिल्डिंग, महात्मा गांधी मार्ग, प्रयागराज-211 001
1, अनमोल सोराबजी सन्तुक लेन, मरीन लाइंस, मुम्बई-400002

वेबसाइट : www.rajkamalprakashan.com
ई-मेल : info@rajkamalprakashan.com

विकास कंप्यूटर एंड प्रिंटर्स
ट्रॉनिका सिटी-201 102
द्वारा मुद्रित

मूल्य : ₹299

SAHITYA KA AATM-SATYA
Essays by Nirmal Verma

ISBN : 978-93-6086-003-5

You must, from now on, be more than one, many people, as many as you can think of...all people in the world ought to be, each of them, more than one, and they would all, yes all of them be more easy at heart. They would have a little fun. Is it not strange that no philosopher has thought of this, and that I should hit upon it?

—Isaac Dina Sen

ब्रह्म, वह चाहे कुछ भी हो, हमेशा दो भागों में बँटा रहता है—अव्यक्त (un menifested) और व्यक्त (menifested)। अत: 'एक' हमेशा 'दो' होता है। इन दो में पहला भाग—अव्यक्त सबसे बड़ा होता है। ब्रह्म का तीन-चौथाई अंश 'अव्यक्त' होता है, वह एक तरह का 'जलाशय' है, जिसके भीतर से ब्रह्म का परमहंस अपने को प्रदर्शित करता है।

—याज्ञवल्क्य

ईश्वर वह नहीं है, जो शब्द में व्यक्त होता है, बल्कि वह है, जिसके द्वारा शब्द व्यक्त होता है। ईश्वर वह है, जिसमें सब कुछ व्यक्त होता है, किन्तु जो अपने में किसी के द्वारा व्यक्त नहीं होता।

—सिमोन वेल *(उपनिषद् की प्रेरणा से)*

क्रम

विशेष सम्मानों पर दिये गए वक्तव्य

साहित्य का आत्म-सत्य

भूमिका

नई शताब्दी के शुरुआती वर्षों में कला और साहित्य पर विचित्र, अनहोने क़िस्म के दबाव पड़े हैं, जिनका सामना एक सृजनकर्मी को पहली बार करना पड़ रहा है। कला के सम्बन्ध में पुरानी बहसें इतनी जल्दी बासी और अप्रासंगिक दिखाई देंगी, क्या किसी ने कल्पना की थी? प्रश्न अब विचारधारा के आतंक, इतिहास की कुहेलिका और सम्प्रेषण के संकट का न होकर स्वयं 'साहित्य के अस्तित्व' का बन गया है। उत्तर-आधुनिकता के नये फ़ैशन तले दुर्भाग्यवश—इन दबावों को नहीं दबाया जा सकता। ये उस आँधी की तरह आए हैं, जिसकी चपेट में मनुष्य की सनातन छवि ही धूमिल पड़ गई है।

निबन्धों की यह पुस्तक इन परिवर्तनों के प्रति सचेत अवश्य है, पर इनसे छुटकारा पाने का कोई दावा नहीं करती। उसके लिए साहित्य के बाहर नहीं, स्वयं उसके भीतर 'सोच' की जगह ढूँढ़नी होगी, जो यदि नहीं है, तो बनानी होगी। शायद इसीलिए मैं इस पुस्तक का केन्द्रीय

निबन्ध 'सृजन में सोच की प्रक्रिया' समझता हूँ। विचारधारा के अन्य दूषण भले रहे हों, सबसे अधिक आत्मघाती और भयावह परिणाम स्वयं कला से विचार की विदाई थी—मानो विचारधारा के झाड़ू से स्वयं 'विचार' को निष्कासित कर दिया हो। इसका भीषण असर 'भाषा' पर कितना पड़ा है, यह स्वयं चिन्तन का विषय होना चाहिए। इस अर्थ में शायद इन्हें शुद्ध रूप से 'साहित्यिक निबन्ध' नहीं कहा जा सकता। सिर्फ़ एक चेतावनी के रूप में वे एक तरह से समस्त मानवीय सम्भावनाओं के नष्ट होने के संकट की ओर ही संकेत कर सकते हैं।

—निर्मल वर्मा

नई दिल्ली
15 सितम्बर, 2005

भाषा और राष्ट्रीय अस्मिता

भाषा के बारे में कुछ भी कहना अपनी छाया को पकड़ना है। यह कहना ज़्यादा ठीक होगा कि हम उसकी छाया हैं, अपना यथार्थ उसमें गढ़ते हैं, अपने को उसमें और उसके द्वारा परिभाषित करते हैं। मनुष्य की परिभाषा कभी सम्पूर्ण नहीं हो सकती, सिर्फ़ इसलिए नहीं कि उसमें अब भी कुछ ऐसा है जो अज्ञेय है, बल्कि इसलिए भी कि वह अपने को रचने-बनाने की प्रक्रिया में समाप्त नहीं हुआ है। हम मनुष्य को एक अन्तिम रूप से निर्मित माल (फ़िनिश्ड प्रोडक्ट) की तरह स्वीकार नहीं कर पाते। वह अपने को भविष्य में कैसे सम्पूर्ण करेगा, किन दिशाओं में उसकी अन्त:शक्तियाँ फलीभूत होंगी, इस सम्बन्ध में अनेक अनुमान, अटकलें लगाई जाती रही हैं। नीत्शे से श्री अरविन्द तक अनेक मनीषियों ने उसकी अन्तर्निहित सम्भावनाओं पर भविष्यवाणियाँ की हैं। यहाँ प्रश्न यह नहीं है कि वे कहाँ तक सही और संगत हैं, विचारणीय बात यह है कि मनुष्य जैसा भी है—उसके बारे में वे एक पीड़ायुक्त असन्तोष से उत्पन्न हुई हैं।

पशु और देवदूत के बीच मनुष्य ही एक ऐसा प्राणी है जो अपने को अजीब उद्दीपन की अवस्था में पाता है, उसमें न पशु की आत्म-विरहता है, न देवदूत की आत्म-परिपूर्णता। इतिहास के चौखटे में मनुष्य की आकृति कुछ वैसी ही अपूर्ण और अनगढ़ी दिखाई देती है जिसके कुछ रंग समय ने धुँधला दिये हैं, कुछ रेखाएँ अब भी कहीं जाने की प्रतीक्षा में बीच रास्ते में ठिठकी रह गई हैं। भविष्य में वह जो होगा, उसकी सम्भावना इस पर निर्भर करती है कि वह अतीत में क्या था। मनुष्य की 'सम्पूर्ण छाप' यदि ऐसी कोई चीज़ है, तो कहीं बाहर न होकर स्वयं उसके भीतर दबी है। मनुष्य अपने को पाने के लिए स्वयं अपने को उत्खनित करता है, स्वयं अपने को अपनी क़ब्र से उठाता है।

आत्म-उत्खनन अथवा आत्म-अन्वेषण का सबसे सक्षम आयुध भाषा है। भाषा मनुष्य की देह का अदृश्य अंग है जो उसे आत्मदृष्टि देता है। भाषा और आत्मबोध का यह सम्बन्ध मनुष्य को समस्त जीव-जन्तुओं से अलग एक अद्वितीय श्रेणी में ला खड़ा कर देता है। अपने अधूरेपन को पहचानकर ही मनुष्य सम्पूर्णता का स्वप्न देखता है, अतः उसे पाने की प्राथमिक प्रतिज्ञा भी इसी आत्मबोध में निहित रहती है। किसी भी संस्कृति की पहचान महज़ उसके यथार्थ तक सीमित नहीं रहती, वह अपने स्वप्नों द्वारा भी अपनी विशेषता उजागर करती है। इसीलिए उसकी बनावट में भाषा का इतना महत्त्वपूर्ण योगदान रहता है।

एक संस्कृति के क्या स्वप्न हैं, यह बहुत हद तक उसकी स्मृतियाँ निर्धारित करती हैं। शब्द में यदि स्वप्न का संकेत है, तो स्मृति की छाया भी। इसलिए कोई भी भाषा, जब तक वह है, कभी मृत भाषा नहीं होती। यदि हमारे अतीत का सब कुछ मर-मिट जाए, किन्तु भाषा बची रहती है जिसके द्वारा एक समाज के सदस्य आपस में संवाद कर पाते हैं, तो वर्तमान में रहते हुए भी वे अचेतन रूप में अपने अतीत से जुड़े रहते हैं और अतीत अदृश्य रूप में उनके वर्तमान में प्रवाहित होता रहता है।

भाषा चाहे कोई भी हो, उसका दुहरा चरित्र होता है। वह सम्प्रेषण का माध्यम होने के साथ-साथ संस्कृति का वाहक भी होती है। किसी देश की संस्कृति ऐतिहासिक झंझावातों द्वारा क्षत-विक्षत भले ही हो जाए, उसका सत्य और सातत्य उसी भाषा में बचा रहता है। भारतीय संस्कृति इसका अप्रतिम उदाहरण है। उन्नीसवीं शती में यहाँ एक ओर यूरोपीय भाषाविदों और दार्शनिकों ने—जिनमें हेगेल और मैक्समूलर प्रमुख थे—भारतीय सभ्यता के स्वर्णयुग को सिर्फ़ सुदूर अतीत में दबे खँडहर की संज्ञा देकर उसके वर्तमान को ख़ारिज कर दिया था, वहाँ उन्हें—विशेष कर मैक्समूलर जैसे इंडोलॉजिस्ट्स को बराबर यह बोध भी था कि जब तक भारत में संस्कृत और उससे उद्भूत भाषाएँ परस्पर संवाद और आत्म-चिन्तन के लिए जीवित रहती हैं, तब तक उसकी एक सांस्कृतिक अस्मिता बची रहेगी। उसके रहते भारतीय सभ्यता को ग्रीक या मिस्र की सभ्यताओं की तरह म्यूज़ियम के गौरवमय, किन्तु मृत स्मारकों की तरह नहीं देखा जा सकता। उन्नीसवीं शती के पूर्वार्द्ध में भारत की राष्ट्रीय चेतना इसी सांस्कृतिक अस्मिता के भीतर से प्रस्फुटित हो सकी थी। संस्कृत और भारतीय भाषाओं के भीतर जातीय स्मृतियों की एक ऐसी समृद्ध और विपुल निधि सुरक्षित थी जो एक संजीवनी शक्ति की धारा अतीत से बहकर भारत की वर्तमान चेतना को आप्लावित करती थी। राष्ट्रीयता के बीज इसी चेतना में निहित थे, इसकी चेतावनी भी मैकॉले ने इन शब्दों में दी थी :

> हम भारत में पश्चिमी संस्कृति का प्रभुत्व तब तक स्थापित नहीं कर पाएँगे जब तक भारतीय शिक्षा-पद्धति से संस्कृत भाषा को पूरी तरह निष्कासित नहीं कर देते।

मैकॉले महाशय को प्रीतिकर आश्चर्य होता कि कैसे स्वतंत्र भारत में भारतीय शासक उनकी अभिलाषा को पूरी करने में कोई कोर-कसर

नहीं उठा रखेंगे! जिस 'वैचारिक' स्वराज की बात भारतीय दार्शनिक के.सी. भट्टाचार्य ने उठाई थी, उसका गहरा सम्बन्ध एक जाति की भाषायी अस्मिता से जुड़ा होता है।

हम जिसे संस्कृति का सत्य कहते हैं, वह और कुछ नहीं, शब्दों में अन्तर्निहित अर्थों की संयोजित व्यवस्था है और जिसे हम 'यथार्थ' कहते हैं, वह इन्हीं अर्थों की खिड़की से देखा गया बाह्य-जगत् है। जिस अनुपात में हम किसी ऐतिहासिक दबाव या दमन के कारण अपनी भाषा से उन्मूलित हो जाते हैं, ठीक उसी अनुपात में खिड़की से बाहर देखा गया परिदृश्य भी धूमिल और धुँधला पड़ता जाता है। भाषा भीतर के सत्य और बाहर के यथार्थ के बीच सेतु का काम करती है। दिलचस्प बात यह है कि सत्य और यथार्थ, दोनों असल में एक-दूसरे से अलग नहीं हैं, केवल वैचारिक सुविधा के लिए भी हम उन्हें दो पृथक् सत्ताओं व रूप में देखते हैं। हम रहते एक ही शब्द-जगत् में हैं। जिस तरह बाहरी दुनिया भाषा की बन्दी है, वैसे ही हम भाषा के बन्दी हैं—खिड़की और खिड़की से बाहर देखा परिदृश्य एक-दूसरे से अलग नहीं है। विटगेंश्टाइन की उपमा का सहारा लें, तो कहेंगे कि भाषा की दीवारों से टकराकर जब माथे पर गोमड़ पड़ते हैं, तभी हमें अपने बन्दी होने का बोध होता है।

किन्तु भाषा की इन 'दीवारों' के भीतर ही कोई संस्कृति अपनी निजी पहचान भी अर्जित करती है। मानवीय भाषाओं में एक तरह का स्थैर्य और स्थायित्व रहता है, जिसके परिणामस्वरूप ही मनुष्य को अपनी अस्मिता के गढ़ने का अवकाश मिल जाता है। इस दृष्टि से भी मनुष्य अन्य जीव-जन्तुओं से भिन्न होता है और वह सिर्फ़ भाषा के कारण नहीं। बाक़ी जीव-जन्तु भी अपनी प्रजाति के सदस्यों से संवाद कर लेते हैं, भले ही उनके संवाद का माध्यम इतना परिष्कृत और व्यवस्थित नहीं होता। मनुष्य की भाषा यदि गुणात्मक रूप से उनसे भिन्न है, तो इसलिए कि एक सीमा के बाद उसके शब्द महज़ संवाद का साधन न

रहकर एक स्वतंत्र, स्वायत्त सत्ता प्राप्त कर लेते हैं। पशु की 'भाषिक ध्वनियाँ' जिन आन्तरिक लालसाओं—वह सेक्स की लालसा हो, या भूख की—से उत्पन्न होती हैं, वे उन लालसाओं के तृप्त हो जाने के बाद विलुप्त हो जाती हैं। उनकी स्मृति तात्कालिकता से परे जाकर कोई स्थायित्व नहीं ग्रहण कर पाती। मानव-समाज में ऐसा नहीं होता। तात्कालिक लक्ष्यों को प्राप्त करने के बाद भी शब्दों की सत्ता, क़ायम रहती है। मूल ध्वनियों से वे कालान्तर में अमूर्त प्रत्ययों में परिणत होकर एक स्थायी अर्थ हासिल कर लेती हैं। जिस तरह आदिम मनुष्य किसी चमत्कारिक घटना की स्मृति में एक दैवी शक्ति के गौरव में उसकी मूर्ति गढ़ लेता था, जो कालान्तर में एक देवता की तरह पूजी जाती थी, हालाँकि उस तात्कालिक घटना की स्मृति से उसका नाता कब का टूट चुका होता था। उसी तरह शब्द भी एक तरह से 'क्षणिक देवताओं' की तरह हैं; वे एक भावनात्मक स्फुटन के क्षण में जनित होते हैं और उसके बीत जाने के बाद अपना एक स्वायत्त अस्तित्व ग्रहण कर लेते हैं। स्वायत्त केवल सीमित अर्थ में, क्योंकि वे केवल ध्वनि मात्र ही नहीं हैं, अर्थों के संवाहक भी हैं जिनमें प्राक् स्मृति हमेशा जीवित रहती है। भाषा का मिथक से वही सम्बन्ध है, जैसा आदि मनुष्य का अपने देवताओं से—दोनों ही उसकी आदिम स्मृतियों और संवेदनाओं को एक स्थायी 'रूपाकार' में परिणत करते हैं। मिथक भाषा के आदि-देवता हैं।

भाषा, मिथक और स्मृति का अन्त:सम्बन्ध ही एक समूह के सदस्यों को एक सामूहिक अस्मिता (कलेक्टिव आइडेंटिटी) में एकसूत्रित करता है। जिस तरह यूरोप की संस्कृति की कल्पना ग्रीक और लातिनी भाषा तथा उससे सम्बन्धित मिथक-कथाओं से अलग नहीं की जा सकती, उसी तरह भारतीय संस्कृति ने अपना रूपाकार संस्कृत में रची उन पौराणिक कथाओं और महाकाव्यों से प्राप्त किया था जिनकी आदिम स्मृति (आर्कीटाइपल मेमोरी) आज भी भारतीय मानस पर अंकित है।

एक संस्कृति का 'ऐतिहासिक अतीत' भी होता है जिसे हम मानकर चलते हैं, किन्तु उसका एक 'आन्तरिक अतीत' भी होता है जो उसकी भाषा की अवधारणाओं, मिथकों और प्रत्ययों में अन्तर्ध्वनित होता है।

> हर भाषा उन लोगों के इर्द-गिर्द, जो उसे बोलते हैं, एक जादुई घेरा खींच देती है जिससे केवल एक दूसरे घेरे में जाकर ही बचा जा सकता है।

यहाँ भाषा के दो रूप हमारे सामने उभरकर आते हैं जिन्हें उसके चरित्र के दो पहलू कहना ज़्यादा उचित होगा। एक वह, जो हम बोलते हैं जिसके द्वारा हम संवाद करते हैं, उसका व्यावहारिक संवाद-केन्द्रित पहलू; दूसरा वह, जो भाषा का आत्यन्तिक, तात्त्विक स्वरूप है जो सतह के नीचे वास करता है, किन्तु बराबर सतह के ऊपर बीते हुए शब्दों में प्रतिध्वनित होता रहता है। हम जो बोलते हैं, वह कहीं-न-कहीं भाषा के इस अदृश्य, आन्तरिक, भूमिगत स्वरूप को व्यक्त करता रहता है। प्रसिद्ध जर्मन दार्शनिक हाइडेगर ने इसी बात को बहुत सुन्दर, काव्यात्मक ढंग से विवेचित किया है। वह कहते हैं :

> बोलना आन्तरिक ढंग से सुनना है, वह उस भाषा को सुनना है जिसे हम बोलते हैं। हम सिर्फ़ वह सुनकर ही बोलते हैं जो हमारी भाषा स्वयं कहती है...और हम उसे उतनी ही सुन पाने में समर्थ होते हैं जिस हद तक हमारा अन्तस् (इसेंस) भाषा की आन्तरिकता के साथ जुड़ा रहता है।

एक कवि भाषा के इस आन्तरिक सत्य को शायद सबसे अधिक गहराई से अनुभूत करता है। वह भाषा में जो सुनता है, उसकी अस्पष्ट, रहस्यमय अँधेरे तल से बाहर आती हुई आवाज़ों को अपने शब्दों में संगति देता है। कविता के शब्दों में हम उसे सुनते हैं जो भाषा हमसे कहती है।

इस दृष्टि से कविता की आत्यन्तिक भाषा अपने स्वभाव और प्रयोजन में व्यावहारिक भाषा से बहुत अलग होती है।

> भाषा अपनी आत्यन्तिकता में एक शान्त धारा की तरह है जो अपने प्रवाह में दो पाटों को जोड़ती है और उसका निर्माण भी करती है। एक पाट वह, जो वह कहती है; दूसरा पाट वह, जो हमारी वाणी है जिसे वह प्रतिध्वनित करती है। **—हाइडेगर**

भाषा के इस आन्तरिक स्वरूप और उसके व्यावहारिक चरित्र के बीच एक गत्यात्मक सम्बन्ध रहता है। मनुष्य के विकास के साथ हर भाषा की विशिष्ट गठन और संरचना बनती है जो एक बार अस्तित्व में आ जाने के बाद स्वयं मनुष्य की अन्त:प्रक्रियाओं को प्रभावित करती है। ये दोनों प्रक्रियाएँ एक साथ चलती हैं। भाषा एक जाति की अस्मिता, उसकी चारित्रिक विशिष्टता को निर्धारित करती है और उस जाति के सामूहिक अनुभव, स्मृतियाँ और संस्कार उसकी भाषा के अनूठे स्वरूप को निर्मित करते हैं। यह एक प्रकार की वर्तुलाकार प्रक्रिया (सर्कुलर प्रोसेस) है जिसमें मुर्ग़ी और अंडे की तरह पहले या बाद का प्रश्न अनुत्तरित रहता है। जो बात स्पष्ट होकर आती है, वह यह कि एक भाषा जैसी कोई चीज़ नहीं होती, अनेक भाषाएँ होती हैं। इन भाषाओं के भीतर ही दुनिया की विभिन्न जातियों, जनसमूहों, राष्ट्रीय गुटों का भरण-पोषण होता है; भाषाएँ उनका 'आवास-गृह' होती हैं। इस अर्थ में हर भाषा आत्यन्तिक रूप से 'मातृभाषा' होती है। भाषा के द्वारा मनुष्य पहली बार दुनिया के प्रति उन्मुख होता है, खुलता है, उससे जुड़ता है। वह किसी समाज के बाहरी कार्य-कलाप, उसके सुपर स्ट्रक्चर का ही अंग नहीं होती (हालाँकि सांसारिक प्रयोजनों को साधने में उसका योगदान रहता है), बल्कि उसके अन्दरूनी स्वभाव और अन्त:प्रेरणाओं के संवेदन-तंत्र को भी निर्धारित करती है, उसके विशिष्ट आध्यात्मिक चरित्र को उद्घाटित करती है।

एक भाषा दूसरी भाषा से अपने ध्वनि-संकेतों और शब्दार्थों के कारण ही भिन्न नहीं होती, बल्कि अपनी विश्व-दृष्टि के कारण भी अलग होती है। हर भाषा दुनिया को ख़ास ढंग से देखती-परखती, अपने अर्थों में अनूदित करती है। ऋग्वेद में अग्नि, सूर्य, धेनु, अन्तरिक्ष आदि के प्रतीक भारतीय मानस में जिन दैवी शक्तियों की ओर संकेत करते हैं, वे ग्रीक अथवा लातिनी वाङ्मय के प्रतीकों से अलग अर्थ सम्प्रेषित करते हैं। अलग इसलिए है, क्योंकि उनके मिथकीय स्रोत एक-दूसरे के भिन्न हैं। मानवीय भाषाएँ एक ही दुनिया में जन्म लेती हैं, किन्तु हर भाषा की दुनिया अपने में अलग है। जब हम एक भाषा से दूसरी भाषा में अनुवाद करते हैं, तो वह सिर्फ़ शब्दों का अनुवाद नहीं है, शब्दों द्वारा भाषा की एक समूची सृष्टि अपने पूरे माल-असबाब के साथ दूसरी भाषा में अवतरित होती है।

इस सन्दर्भ में हार्वर्ड विश्वविद्यालय के संस्कृत विद्वान् माइकेल वित्सेल की यह चेतावनी महत्त्वपूर्ण है। वैदिक शब्द 'ऋत' के अनुवाद की कठिनाई बताते हुए वह कहते हैं और मैं अनुवाद न करके उन्हीं के शब्दों में उन्हें उद्धृत कर रहा हूँ :

> Many words in Sanskrit as well as in other languages can not be rendered by a single good translation of the 'term', the concept encompassed by the 'Rt' is in fact quite similar to the equally untranslatable letter Hindu 'dharma' on modern usage of the word truth does not cover all aspects of the term Rt... Rt is an active realisation of truth, a vital force which can underlie human in divine action.... English, German etcetra have no word expressing the combination of concept carried by the term Rt.

जो बात डॉ. वित्सेल ने 'ऋत' शब्द के सम्बन्ध में कही है, वह भारतीय संस्कृति के अन्य केन्द्रीय प्रत्ययों—आत्म, ब्रह्म, सत्, असत् आदि पर भी लागू होती है। हमने ऊपर भाषा की जिस विश्व-दृष्टि की बात

कही थी, वह भाषा के इन्हीं संस्कारयुक्त और स्मृति-सम्पन्न प्रत्ययों से छनकर ही आती है। अत: किसी दूसरी भाषा में इन प्रत्ययों (कॉन्सेप्ट्स) का अनुवाद तभी सम्यक् रूप से सम्प्रेषणीय हो सकता है जब उन्हें केवल शाब्दिक अर्थ में नहीं, उसके साथ जुड़े समस्त सांस्कृतिक और दार्शनिक सन्दर्भों के साथ प्रस्तुत किया जाए। प्रश्न अच्छे या बुरे अनुवाद का नहीं, बल्कि इन प्रत्ययों (कॉन्सेप्ट्स) की अनूठी विलक्षणता का है जो परम्परागत सन्दर्भ में अपना प्रकाश उद्‌भासित करते हैं। बहुत पहले श्री कुमारस्वामी ने भाषा के इस सत्य के बारे में हमारा ध्यान आकृष्ट कराया था। उन्होंने जो बात हिन्दू धर्म के बारे में कही थी, वह कमोबेश हर उस प्राचीन धर्म-व्यवस्था पर लागू होती है जिसे औपनिवेशिक संकट से गुज़रना पड़ता है। कुमारस्वामी अपनी पुस्तक 'हिन्दूइज़्म एंड बुद्धिज़्म' की भूमिका में लिखते हैं :

> ब्राह्मणवाद या हिन्दू धर्म की गणना दुनिया के प्राचीनतम रहस्यात्मक धर्मों अथवा अतिभौतिक (मेटाफ़िज़िकल) अनुशासनों में की जाती है। वह अकेला एक ऐसा धर्म है जिसकी परम्परा पिछले दो हज़ार वर्षों से अखंडित रही है— एक ऐसी परम्परा, जो आज भी लाखों लोग अपने आचरण में गुनते-जीते हैं। इसके बावजूद यह कहना अतिशयोक्ति नहीं होगी कि पिछले सौ वर्षों में यूरोपीय भाषाविद् और वे भारतीय विद्वान् जो यूरोप की आधुनिक विकासवादी धारा में दीक्षित हैं—इन सबने इस परम्परा के सम्बन्ध में अपने विचार और मन्तव्य प्रकट किये हैं, उनमें से अधिकांश को नकारकर ही हिन्दू धर्म की सही व्याख्या की जा सकती है।

इसका कारण बताते हुए कुमारस्वामी कहते हैं कि पाश्चात्य विद्वानों और उनकी नक़ल में भारतीय इतिहासकारों ने कर्म-सिद्धान्त, पुनर्जन्म, आत्म और ब्रह्म जैसे प्रत्ययों की जो भ्रान्तिमूलक विवेचना

अपनी भाषाओं में की है, उनका इन शब्दों के आत्यन्तिक अर्थ से कोई वास्ता नहीं, जो भारतीय संस्कृति के मूलाधार हैं।

ज़ाहिर है, यहाँ कुमारस्वामी यूरोपीय भाषाओं की क्षमता पर सन्देह नहीं करते, केवल उनकी सीमा की ओर संकेत करते हैं। यह सीमा हर भाषा की होती है, क्योंकि हर भाषा संस्कृति-सापेक्ष होती है। दो नितान्त भिन्न पृष्ठभूमियों से आयातित प्रत्ययों के घालमेल से कैसी ग़लतफ़हमियाँ उत्पन्न होती हैं, इसका उदाहरण 'सेकुलरिज़्म' जैसा शब्द है जिसका गहरा सम्बन्ध यूरोप की संस्कृति और इतिहास से रहा है और जिसका हिन्दी अनुवाद 'धर्मनिरपेक्षता' बिलकुल एक दूसरा अर्थ व्यक्त करता है। एक सेक्यूलर राज्य-व्यवस्था भी अपने आत्यन्तिक चरित्र में धर्मपरायण हो सकती है, बशर्ते धर्म का वह अर्थ न हो जो 'रिलिज़न' शब्द में ध्वनित होता है। यूरोपीय भाषाओं के प्रभुत्व से कैसे एक एशियाई देश के नागरिक स्वयं अपने समाज के मूल चरित्र को ही बदल डालने का प्रयास करते हैं, यह इसका एक अद्‌भुत उदाहरण है। यह इस बात का भी सूचक है कि जब किसी समाज और उसकी भाषा के बीच किसी बाहरी शक्ति का हस्तक्षेप होता है, तो उस समुदाय के सदस्य स्वयं अपनी पहचान खोने लगते हैं।

यूरोपीय भाषाओं के सार्वभौमिक प्रभुत्व के जिस ख़तरे की ओर कुमारस्वामी ने संकेत किया था, उसे यूरोप के ही एक मनीषी दार्शनिक हाइडेगर ने 'धरती के यूरोपीयकरण' की संज्ञा दी थी। उसके कारण पूर्वी संस्कृतियों के सम्बन्ध में जो ग़लतफ़हमियाँ और भ्रान्तिमूलक धारणाएँ उत्पन्न होती थीं, वह उनके प्रति भी सचेत थे। एक जापानी चिन्तक से बातचीत करते हुए उन्होंने इस सम्बन्ध में जो आशंकाएँ प्रकट की थीं, उसका उल्लेख भारतीय दार्शनिक श्री जड़ावलाल मेहता ने किया है। वह हमारे वर्तमान विषय से इतनी गहरी प्रासंगिकता रखता है कि मैं उसका उद्धरण ज्यों का त्यों उन्हीं के शब्दों में देना चाहूँगा। वह लिखते हैं :

यूरोप से लौटकर जापानी दार्शनिक ने क्योटो विश्वविद्यालय में जापानी कला और कविता के इस्थेटिक्स के बारे में भाषण दिये थे जिनमें उन्होंने जापानी कला को यूरोपीय इस्थेटिक्स की सहायता से समझाने का प्रयत्न किया था। इस पर हाइडेगर ने आपत्ति की—इसके लिए क्या उचित है कि इस्थेटिक्स पर निर्भर रहा जाए? यह नाम और वस्तु—दोनों का उद्भव यूरोपियन चिन्तन में हुआ था, फ़लसफ़े में। इस्थेटिक की दृष्टि-शैली तो पूर्वी एशियाई विचार के लिए मूलतः 'परायी, अपरिचित ही रहेगी, फिर यह क्यों आवश्यक है कि आप इस्थेटिक्स की सहायता लें?' जापानी विद्वान् उत्तर में कहते हैं, 'इसलिए कि इस शास्त्र से हमें वे प्रत्यय या कॉन्सेप्ट्स प्राप्त होते हैं जिनके द्वारा हम अपनी कला और काव्य के तत्त्वों को समझ सकें।' हाइडेगर ने पूछा, 'क्या इसके लिए कॉन्सेप्ट्स की आवश्यकता है?' जापानी विद्वान् ने कहा, 'लगता है, हाँ, क्योंकि यूरोपीय विचार-शैली के सम्पर्क में आने के बाद हमारी भाषा में एक प्रकार की असमर्थता दिखने लगी है; यह कमी कि उसमें पदार्थों को परिसीमित करने की शक्ति नहीं है, वह उनको एक-दूसरे को पर और क्रम में रखकर उसके एकार्थक समन्वय को कल्पित नहीं कर सकती।' हाइडेगर ने कहा, 'क्या आप इस अक्षमता को सचमुच अपनी भाषा की त्रुटि मानते हैं? क्या यह आवश्यक और उचित है कि आप यूरोपीय शास्त्रों की ओर दौड़ें? यदि आप ऐसा करते हैं, तो क्या इसका फल यह नहीं होगा कि आप अपनी और पाश्चात्य दृष्टि की वास्तविकता, उनका अपना-अपना अलग स्वरूप नहीं देख पाएँगे, और तब इन दोनों का वास्तविक संवाद शुरू ही नहीं हो पाएगा?' आख़िर जापानी विद्वान् इस बात को स्वीकार करते हैं कि यूरोपीय प्रत्ययों से अभिभूत होकर

> वे स्वयं अपनी भाषा के प्रत्ययों की विशिष्टता का अवमूल्यन कर देते हैं जो उन्हें परम्परा से मिले हैं।

एक संस्कृति का दर्शन और तत्त्वज्ञान कैसे उसकी भाषा में छनकर आता है, इसका एक अन्य उदाहरण हमें उस बातचीत से लगता है जब हाइडेगर के एक जर्मन मित्र ने, जो 'लाओत्से' का अनुवाद जर्मन में कर रहे थे, अपने एक चीनी मित्र से पूछा, "मुझे समझ में नहीं आता, चीनी इस तरह क्यों बोलते हैं?"

चीनी विद्वान् ने उत्तर दिया, "क्योंकि उस समय हम चीनी अरस्तू के लॉजिक को नहीं जानते थे?"

"धन्यवाद है भगवान् को," हाइडेगर ने कहा, "कि चीनी उससे अपरिचित रहे।"

हम सबका यह अनुभव रहा होगा—कम-से-कम मत तो रहा है कि जब हम अपने विचारों को दूसरी भाषा में व्यक्त करते हैं, तो एक हद तक स्वयं हमारे विचार उस भाषा के प्रत्ययों द्वारा अनुशासित होने लगते हैं। भाषा सिर्फ़ माध्यम ही नहीं रहती, वह एक स्वायत्त शक्ति का साधन (एन इंस्ट्रुमेंट ऑव फ़ोर्स) बन जाती है। हम उसमें अपने विचारों को व्यक्त कर सकते हैं, किन्तु उसी रूप में, जिसमें वह हमसे करवाना चाहती हैं। डॉ. मेहता के शब्दों में :

> प्रश्न यहाँ भाषा के प्रभुत्व का है कि कहाँ तक हम भाषा की पकड़ में होते हैं; कहाँ तक हम कहना कुछ चाहते हैं, पर भाषा हमसे कुछ कहलवाती है।

भारतीय चिन्तक, विद्वान्, लेखक, बुद्धिजीवी, जिन पर पिछले दो सौ वर्षों में अंग्रेज़ी भाषा का प्रभुत्व रहा है, क्या अपने से कभी यह प्रश्न पूछते हैं जो हाइडेगर ने जापानी चिन्तक से पूछा था—क्या उन्हें ऐसा नहीं लगता कि जब वे अपने देश की कला और कविता के सत्य

को समझने और समझाने के लिए पाश्चात्य भाषा को अपनाते हैं, तो वह माध्यम ही उनकी आन्तरिक अनुभूति पर हावी हो जाता है? हम एक ऐसी भाषा के माध्यम से अपने को व्यक्त करना चाहते हैं जिसका तर्कशास्त्र हमें एक दिशा में ले जाता है, जबकि हमारी अनुभव-दृष्टि हमें विपरीत दिशा में खींचती है। क्या हममें से अधिकांश शिक्षित लोग अपने को एक ऐसी 'भाषायी विस्थापन' (लिंग्विस्टिक डिस्प्लेसमेंट) की स्थिति में नहीं पाते जिसके चलते हमारी राष्ट्रीय चेतना भी सन्दिग्ध और विकृत हो जाती है। इसके बीचोबीच एक ऐसी फाँक पड़ जाती है जिसे स्वतंत्रता के पचास वर्षों बाद भी हम पाट पाने में सफल नहीं हो पाए हैं।

यहाँ मैं यह स्पष्ट कर दूँ कि मैं अपने को एडवर्ड सईद जैसे आलोचकों की श्रेणी में नहीं रखता जो इसका सारा दोष यूरोपीय इंडोलॉजिस्ट्स पर थोपकर अपने को निष्कलंक महसूस करते हैं। पश्चिमी शिक्षित भारतीयों ने अपनी सांस्कृतिक धरोहर की पहचान इन्हीं पाश्चात्य विद्वानों के अनुसन्धानों और अनुवादों द्वारा की थी, इस कड़वे सत्य को कौन अस्वीकार कर सकता है? यह सही है कि इन विद्वानों ने ग़ैर-पाश्चात्य संस्कृति के सारभूत तत्त्वों को अपनी भाषा की अवधारणाओं में ढालकर एक हद तक झुठलाया था, किन्तु दोष हमारा भी है कि अपनी औपनिवेशिक मानसिकता के कारण हमने उनके निष्कर्षों को जस का तस स्वीकार कर लिया जो उन्होंने हमारे अतीत, इतिहास और संस्कृति के बारे में प्रतिपादित किये थे। प्रश्न यह वही है कि वे निष्कर्ष अपने में कितना सही या ग़लत थे, बल्कि यह कि जिन बौद्धिक चौखटों के भीतर से वे निकाले गए थे, क्या हमने अपनी स्वाधीन चेतना से उनका आलोचनात्मक अन्वेषण किया था? श्री अरविन्द पहले मनीषी थे जिन्होंने 'फ़ाउंडेशन ऑव इंडियन कल्चर' में यह विश्लेषण किया था, किन्तु हमारे विश्वविद्यालय और दर्शन के विभागों में उनका स्थान नगण्य ही माना जाएगा।

अन्य के सम्पर्क में आकर अपने को परखना एक बात है, अन्य की आँखों से अपने को परिभाषित करना बिलकुल दूसरी बात है।

ऊपर चीनी भाषा के सन्दर्भ में अरस्तू के लॉजिक का ज़िक्र हुआ था। यह उल्लेखनीय है कि जिन भाषाओं पर 'रीज़न' का दबाव या प्रभुत्व होता है, उनका रूप-विन्यास उन भाषाओं से कुछ भिन्न होता है जिनकी जड़ें जातीय बिम्बों और मिथकों में होती हैं। यहाँ कवि और चिन्तक की भाषा-भूमि एक-दूसरे से बहुत अलग नहीं होती—दोनों में 'रीज़न' की अपेक्षा कल्पना का योगदान कहीं अधिक प्रमुख रहता है। शब्दों की दुनिया एक तरह से अनुभवी जीवन-दृष्टि के समानान्तर चलती है। एक समाज की धार्मिक संवेदनाएँ और मिथकीय चेतना उसकी भाषा में भी अपने स्मृति-चिन्ह, अपनी अनुगूँज छोड़ जाती हैं। यही कारण है कि भारतीय दर्शनशास्त्र—वे उपनिषद् हों या भगवद्गीता—की दार्शनिक अवधारणाएँ और काव्य-भाषा के बिम्बों के बीच विभाजन रेखा खींचना आसान नहीं है। रामकृष्ण परमहंस का तो समूचा 'दर्शन' रूपकों और प्रतीकों, दन्तकथाओं और मिथकीय संकेतों की उर्वरा धरती पर प्रवाहित होता दिखाई देता है। आत्म, परमात्म, ब्रह्म, पुरुष और प्रकृति जैसे अमूर्त प्रत्ययों को वह एक ऐसा काव्यात्मक आयाम देते हैं कि कविता और तत्त्व-चिन्तन के बीच की सीमा रेखा ही मिट जाती है।

इसके अनेक कारण हो सकते हैं—मैं उनमें नहीं जाऊँगा, किन्तु प्रमुख तथ्यों की ओर आपका ध्यान खींचना चाहूँगा। पहला है, एक संस्कृति का कालबोध, जो अदृश्य रूप से भाषा के आन्तरिक स्वरूप को प्रभावित करता है। भारतीय संस्कृति की काल-प्रतीति ऐतिहासिक कालक्रम की पश्चिमी अवधारणा से बहुत अलग रही है जिसने उसकी भाषाओं पर भी गहरी छाप डाली है। इस सम्बन्ध में अज्ञेय ने एक सारगर्भित टिप्पणी की है। हाल ही में उनकी अन्तिम डायरी के कुछ अंश प्रकाशित हुए हैं। उनमें एक जगह वह लिखते हैं :

> ऐतिहासिक काल को पूरी तरह मान लेने से भाषा में, वाक्य की अन्विति में, एक जड़ता, लचीलेपन की कमी, बल्कि उसका परित्याग आया है। आवर्ती काल के बोध के साथ हमारी भाषा में भी एक लचीलापन था जिसे छोड़ने को हम लाचार हो गए—एक निर्विकल्प अन्विति से तनिक-सा व्यतिक्रम हमें खटकने लगा...इस मामले में 'नई कविता' की अन्विति उससे पहले से कितनी कम लचीली, कितनी अधिक जड़ हो जाती है—क्या इसका कारण यह नहीं है कि इसमें काल की प्रतीति बड़ी कठोरता के साथ अनुक्रमिकता के साथ बँधी है?

'नई कविता' के कालबोध के सम्बन्ध में अज्ञेय की यह धारणा कहाँ तक सही है, कहना मुश्किल है, किन्तु काल के आनुक्रमिक बोध ने आधुनिक भारतीय उपन्यास और कथ्यात्मक गद्य की सम्भावनाओं को अवश्य ही जड़ित और संकुलित बनाया है, इसमें कोई सन्देह नहीं। शायद इसका कारण यह भी है कि उपन्यास की संरचना में घटनाओं को जिस क्रम में नियोजित किया जाता है, उसमें कविता की अपेक्षा समय का हस्तक्षेप अधिक महत्त्वपूर्ण होता है। ऐतिहासिक कालबोध और भारतीय उपन्यास के सन्दर्भ में भारतीय मनीषा में काल की अनेक परिकल्पनाएँ रही हैं, उन्हें पाश्चात्य ऐतिहासिक बोध की अवधारणा में ढालकर हमने उन्हें विपन्न और एकआयामी बनाया है जिसका असर अनिवार्य रूप से रचनात्मक विधाओं की भाषा पर भी पड़ता है।

कालबोध के अलावा एक दूसरा तत्त्व भी है जिसकी ओर हमारा ध्यान अधिक नहीं जाता, किन्तु जो किसी परम्परा की भाषा के चरित्र को विशिष्ट बनाने में गहरा योग देता है—वह है मनुष्य का प्रकृति से सम्बन्ध। यह एक नृतत्त्वीय सत्य है कि जिन समाजों में मनुष्य और प्रकृति दो विरोधी सत्ताएँ नहीं हैं, जहाँ उनके परस्पर सम्बन्ध अधिक आत्मीय, निकट और नैसर्गिक होते हैं, वहाँ अनुभूति और चिन्तन की

भाषा में अन्तराल नहीं होता और उसकी मिथकीय संवेदनाएँ अधिक समृद्ध होती हैं। ऐसे समाजों में भाषा अपने मूल स्वभाव के रूपक-केन्द्रित (मैटाफ़ोरिकल) होती है। सुप्रसिद्ध आलोचक नार्थरोप फ्राई के शब्दों में :

> प्रकृति और मनुष्य एक समान ऊर्जा में साझा करते हैं और उनकी एक अविभाज्य इकाई होती है। किन्तु उन समाजों में, जहाँ मनुष्य और प्रकृति दो विरोधी श्रेणियों में बँट जाते हैं, वहाँ भाषा की यह रूपकात्मक एकता खंडित हो जाती है। रूपक की जगह अब बुद्धि का प्रभुत्व भाषा पर हावी हो जाता है। अब मनुष्य बिम्बों के स्थान पर बौद्धिक प्रत्ययों की भाषा रचने लगता है। चिन्तन और कल्पना की परिपाटियाँ अपनी रूपकीय सत्ता खोकर एक-दूसरे से विच्छिन्न हो जाती हैं, जैसा पाश्चात्य भाषाओं में हुआ है जहाँ तर्क और विज्ञान के आक्रामक प्रभुत्व के कारण मनुष्य का प्रकृति से सम्बन्ध लगभग टूट चुका है।

यदि भारतीय भाषाओं का विकास बिम्बों और प्रतीकों के प्रभामंडल में हुआ, तो इसका एक बड़ा कारण मनुष्य और प्रकृति के बीच का वह पवित्र सम्बन्ध है जो आधुनिकता के आक्रमण से पहले शताब्दियों तक अक्षुण्ण रहा था। जिस तरह अँधेरे में चलता यात्री आकाश के नक्षत्रों की गति देखकर अपना पथ खोजता है, उसी तरह एक भारतवासी अपनी अस्मिता को इन्हीं प्रतीकों और रूपकों के आलोक में चिह्नित करता था। नक्षत्र जिस प्रकार अपने ग्रहमंडल में स्थिर रहकर चलते दिखाई देते हैं, वैसे ही भाषा भी अपने पौराणिक वाङ्मय में स्थिर रहकर अपने अर्थों का विकास करती है। गति और स्थैर्य का यह सन्तुलन भारतीय भाषाओं को एक तरह का गत्यात्मक स्थायित्व प्रदान करता है। हर भाषा का जैसा अपना इतिहास होता है, वैसा उसका भूगोल भी होता है।

हम उसके प्रतीकात्मक चरित्र को उसके प्राकृतिक परिवेश से अलग नहीं कर सकते। भारतीय भाषाओं में यदि गंगा, सरस्वती, हिमालय, सागर और अन्तरिक्ष के बिम्ब इतनी गरमाई और गहराई से हमारी काव्यात्मक भावनाओं को झिंझोड़ते हैं, तो इसका कारण यह है कि ये केवल प्रकृति के उपादान न होकर हमारी पौराणिक स्मृतियों के वाहक भी हैं जो किसी समय भारतीयों को उनके देवी-देवताओं से जोड़ते थे, उनके लौकिक परिवेश को एक तरह की अलौकिक पवित्रता प्रदान करते थे। 'भारत' शब्द का अर्थ ही उसका सत्य था, आलोक से घिरा भूमंडल। भारत को 'देवभूमि' और संस्कृत को 'देवभाषा' कहने के पीछे भूमि और भाषा के बीच का शाश्वत और पुनीत सम्बन्ध ही ध्वनित होता है।

19शती में भारतीय जनमानस को जिस राष्ट्रीय भावना ने आलोकित किया था, उसमें भाषा के रूपकात्मक बिम्बों का गहरा योगदान रहा है। बंकिम बाबू के उपन्यासों, श्री अरविन्द के चिन्तन और गांधी के 'हिन्द स्वराज' और कुमारस्वामी के परम्परा-बोध में इसकी अनेक झलकें दिखाई देती हैं। जब आज के कुछ भारतीय इतिहासकार फ्रेंच दार्शनिकों की फ़ैशनेबल शब्दावली में राष्ट्रीय अवधारणा को एक कॉन्स्ट्रक्ट बताते हैं, जहाँ स्वयं भारत को राष्ट्रीय इतिहासकारों की 'काल्पनिक उपमा' के रूप में परिकल्पित किया जाता है, तो भारतीय राष्ट्रीयता की भाषायी और सांस्कृतिक पीठिका को रेखांकित करना ज़रूरी हो जाता है। भारत में विदेशी दासता से मुक्ति पाने की लालसा महज़ राजनीतिक उद्देश्यों से उत्प्रेरित नहीं थी, उसके पीछे अपनी सांस्कृतिक अस्मिता को विस्मृति के अँधेरे से बाहर लाने की आकांक्षा भी थी। इस दृष्टि से वह यूरोप की आधुनिक राष्ट्रीय सत्ताओं (नेशनल स्टेटिक्स) की आक्रामक और अहंयुक्त भावना से कुछ अलग थी जिसकी स्थापना अनेक जातियों, नस्लों और जन-भाषाओं को नष्ट करने के बाद ही सम्भव हुई थी। भारतीय राष्ट्रीय चेतना यदि आरम्भ से आत्मकेन्द्रित संकीर्णता से मुक्त रही,

तो इसका कारण यह था कि वह ऊपर से बलपूर्वक आरोपित नहीं की गई थी, उसके संस्कार पहले से ही उसकी सांस्कृतिक भावना में मौजूद थे। भारत की विभिन्न बोलियों और भाषाओं में विभिन्नता होने के बावजूद अन्तर्निहित एकसूत्रता के तत्त्व विद्यमान थे जिनके कारण वे भारत के राष्ट्रीय एकीकरण के रास्ते में कभी भी बाधा बनकर प्रस्तुत नहीं हुई। उनका वैविध्य ही उन्हें खुलापन प्रदान करता था। घर एक ही था, खिड़कियाँ अलग-अलग थीं जिसके झरोखों से भारतीय अस्मिता के अन्तस्सम्बन्धों को आँका जा सकता था। अक्सर कहा जाता है कि हम अपनी भाषा में स्वप्न देखते हैं, कुछ संस्कृतियों के साथ भी शायद ऐसा ही होता है—वे अपनी कहानी स्वप्न-भाषा में ही कहती हैं। भारत की राष्ट्रीय अस्मिता का यथार्थ शायद ऐसी ही स्वप्न-भाषाओं में रूपायित हुआ है।

[हिन्दुस्तान एकेडेमी द्वारा आयोजित 'भाषा और राष्ट्रीय अस्मिता'
व्याख्यान माला के अन्तर्गत 16 सितम्बर, '95
को दिया गया भाषण]

साहित्य का आत्म-सत्य

दुनिया की छलनाओं से ऊबकर हम-आप फिर साहित्य की ओर मुड़ आए हैं। फिर ऐसे प्रश्न पूछने लगे हैं, साहित्य क्या है, जो अब तक जीवित है? जीवित है तो अवश्य ही कोई प्रयोजन साधता होगा; क्या उसके साधने में ही तो हमारी सिद्धि नहीं छिपी?

मुझे नहीं लगता, मैं साहित्य व भीतर छिपे सन्निहित किसी प्रच्छन्न प्रयोजन को आपके सम्मुख अनावृत कर पाऊँगा। मुझे यह भी डर है कि अन्य छलनाओं की तरह साहित्य में 'प्रयोजन' ढूँढ़ना अपने में ही तो क्या एक और छलना नहीं है? क्या उसका अपने में होना—इतने धक्कों, थपेड़ों, प्रहारों के बावजूद—क्या इसे ही एक वरदान मानकर सन्तुष्ट होना काफ़ी नहीं है? कभी-कभी तो मुझे लगता है कि साहित्य जो हमें देता है, उसे हम देखते नहीं या देखकर भी अनदेखा कर देते हैं और जो हम उससे पाने की आशा करते हैं—कोई जीने का लक्ष्य, कोई विराट् सत्य, कोई सहारे का सम्बल, उसके बारे में वह कुछ भी नहीं कहता,

चुप रहता है और हम एक बार भी नहीं सोचते कि शायद उसकी चुप्पी में ही कोई ऐसा भेद छिपा है, जो उसने अपने शब्दों में कहा है, जिसे हम नहीं सुन पाते। क्या बाहर की आवाज़ों के घटाटोप में साहित्य की आवाज़ इतनी दब गई है कि हम उसमें उसका निजी सत्य न देखकर अपना प्रयोजन ढूँढ़ते हैं?

मुझे लगता है, प्रयोजन ढूँढ़ने के पीछे एक कारण है—और वह यह कि हम कहीं साहित्य से डरने लगे हैं। हम डरने लगे हैं कि कुछ शब्दों के संयोजन मात्र से एक कविता या कहानी जो 'यथार्थ' गढ़ती है, वह कुछ इतना बेगाना, विचित्र और अपरिचित हो सकता है—कि उसके सम्पर्क में आते ही हमारा अपना यथार्थ भरभराकर ढह जाएगा। यह एक विकट विरोधाभास है कि हम साहित्य के समक्ष जितनी 'यथार्थवादी' माँगें रखते हैं, उतना ही अधिक स्वयं साहित्य के अपने सत्य से आँखें मिलाते हुए कतराते हैं। साहित्य में प्रयोजन ढूँढ़ने की हविश में हमें यह भय कचोटता है कि कहीं साहित्य हमारे अपने होने के प्रयोजन पर प्रश्नचिह्न न लगा दे। देखा जाए तो हर महान् कलाकृति—महाभारत हो या शेक्सपियर के विक्षुब्ध पात्र या टॉल्स्टॉय के उपन्यास, अन्ततः यही कहते जान पड़ते हैं...वे शब्दों के बीच यथार्थ के मुखौटों को उतारकर हमारे अपने चेहरे की एक ऐसी छवि उकेरते हैं, जो उस पहचान से कुछ अलग है, जो हमें अपने बने-बनाए आईनों में दिखाई देती है। हम उस चेहरे से डरते हैं, जिसका फ़ोटो इतिहास व किसी पासपोर्ट के चित्र से मेल नहीं खाता। वह सिर्फ़ साहित्य में प्रकट होता है।

कैसा है यह चेहरा? मुझे लगता है, यह उन समस्त अनुभवों की पुंजीभूत आकृति है, जिसे कभी मनुष्य अपने भीतर लेकर चलता था, जो न कहीं से शुरू होता था, न कहीं उसका अन्त होता था। एक पूरी होने की प्रक्रिया में अधूरी आकृति, अधूरी लेकिन हमेशा सम्पूर्ण होने का स्वप्न देखती हुई। वह दुनिया की छद्म रोशनी को भेदकर अपने 'मूल' की

असली छवि की ओर जाती है, जो अँधेरे में दबी है। इसलिए साहित्य हमें आतंकित करता है, तो आनन्दित भी करता है। यह आनन्द मनोरंजन से कुछ अलग है। मनोरंजन में हम कुछ देर के लिए अपने को भूल जाते हैं। आनन्द में इससे उलटा होता है। वह हमें एक अजीब डर और विस्मय के पास ले जाकर छोड़ देता है, वह कभी हमें अपने को भूलने नहीं देता, उसमें कोई ऐसा अनुभव नहीं, जिसकी आँखें अपने होने की स्मृति में नहीं खुलीं...वह मनोरंजन के समय की तरह काटा नहीं जाता, बल्कि समूचा कटा हुआ समय इससे जुड़ा हुआ प्रतीत होता है। आनन्द यदि संलग्नता का भाव है तो साहित्य उसकी प्रत्यक्ष उपलब्धि; क्योंकि साहित्य का अर्थ ही 'सहित' भाव से उत्पन्न होता है। शब्दों के परस्पर सान्निध्य से मनुष्य के बारे में ऐसे अप्रत्याशित सत्य उजागर होते हैं, जिनके बारे में हमें पहले कुछ मालूम नहीं था। यही कारण है, साहित्य का अर्थ कहीं बाहर नहीं है, वह स्वयं कहानी और कविता के शब्दों में ही अन्तर्गुम्फित रहता है। उसके बाहर आलोचना है, व्याख्या है, इतिहास है, साहित्य का सत्य नहीं; सत्य कहीं और बसा है, उसकी गुहार कहीं और सुनाई देती है।

कैसी है यह गुहार, क्या है इसका अर्थ? इसका 'प्रयोजन'? आश्चर्य की बात यह है कि कुमार गन्धर्व या मल्लिकार्जुन मंसूर का संगीत सुनते हुए या राजपूत शैली का मिनिएचर चित्र देखते हुए कभी 'प्रयोजन' का प्रश्न परेशान नहीं करता...मानो देखने और सुनने के आनन्द में ही 'अर्थ' का अन्तर्बोध भी मिल जाता है। फिर साहित्य से ही यह माँग क्यों की जाती है? इसका कारण शायद यह है कि साहित्य शब्दों में रचा जाता है—जो दुनिया के अन्य प्रयोजनों के लिए भी प्रयुक्त होते हैं। ये वही शब्द हैं जिनमें समाचार-पत्र की सनसनीखेज़ ख़बरें पाई जाती हैं, राजनेताओं के बयान प्रकाशित किये जाते हैं। ये शब्द कभी सिद्धान्तों के रखवाले हैं, कहीं आदर्शों की रखैल बनकर आते हैं, इसीलिए जब भी लेखक के पास आते हैं तो वे स्वच्छ और निष्कलंक नहीं होते,

बेचारे दुनिया भर की मैल और धूल से सने होकर आते हैं। लेखक को अपनी कविता, कहानी लिखने के लिए कोई नई भाषा की आविष्कृति नहीं करनी पड़ती...इन्हीं लन्द-फन्द शब्दों से काम चलाना पड़ता है।

यहीं चमत्कार उत्पन्न होता है। दुनियाई थपेड़ों से आहत, दीन, क्षीण शब्द साहित्य में आते ही एक नया अर्थ और आलोक प्राप्त कर लेते हैं। ये 'द्विज' शब्द होते हैं, जो साहित्य में दूसरा जन्म लेते हैं, दैन्य और दूषण से मुक्त, हल्के, चमकीले संस्कारयुक्त शब्द, आत्मा की अन्तर्ध्वनि को अपने स्वरों में प्रतिध्वनित करते हुए। यह साहित्य की अपनी आवाज़ है, जिसमें हर पाठक अपने को सुनता है; जो विस्मृत है, उसमें अपने को पुनर्जीवित करता है, अदृश्य को अपनी सृष्टि में साकार करता है। कहानी और कविता तब सत्य पाने का माध्यम नहीं, स्वयं सत्य की साक्षी बन जाती हैं और वह भी एक सत्य नहीं, वे उन समस्त सत्यों को उद्घाटित करती हैं, जो मनुष्य के अनुभव-संसार में हर व्यक्ति की पीड़ा, स्वप्न, लालसा और प्रेम को मूर्तिमान करती हैं, जिससे हम एक अनोखे निष्कर्ष पर पहुँचते हैं। साहित्य जितना ही अधिक मनुष्य को अपने अर्थों से सम्पन्न और समृद्ध करता चलेगा, उतना ही स्वयं किसी भी प्रयोजन से रिक्त होता जाएगा। प्रयोजन-मुक्त साहित्य में ही अर्थ-युक्त मनुष्य की छवि देखी जा सकेगी।

यदि हम किसी साहित्यिक कृति को उसके प्रयोजनों, उद्देश्यों, लक्ष्यों के कुहासे से बाहर निकालकर केवल उसके 'आत्यन्तिक सत्य' पर अपने को एकाग्र कर सकें तो हम उसकी सच्ची मूल्यवत्ता को भी पहचान सकेंगे। सच कहें तो असली 'आलोचना' इसी बिन्दु से आरम्भ होती है। आज जैसी आलोचना लिखी जाती है, अधिकांश लेखकों की दृष्टि में उसकी भूमिका पूर्ण रूप से निषेधात्मक नहीं तो थोड़ी-बहुत सन्दिग्ध जान पड़ती है। वे अपने को उनके भारी-भरकम वाद-विवादों से दूर ही रखना चाहते हैं।

सम्भव है, मेरे आलोचक मित्र यह कहेंगे कि यदि लेखकों को उनसे कोई लेना-देना नहीं है तो उन्हें भी सीधे लेखकों से कोई वास्ता नहीं है। क्या 'लेखक' शब्द पिछले वर्षों में स्वयं सन्दिग्ध नहीं बन गया है? यह अकारण नहीं है कि कृति का गौरव अब एक नये शब्द 'टेक्स्ट' ने अपने ऊपर ओढ़ लिया है। 'कृति' शब्द से अब भी यह ग़लतफ़हमी उत्पन्न हो सकती है कि किसी ने उसे रचा है, कोई उसका 'कर्ता है', किसी ने अपने अकेले कमरे में बैठकर उसे लिखा है। 'टेक्स्ट' शब्द से एक क़िस्म की निर्वैयक्तिक तटस्थता की गन्ध आती है। अपने 'जन्मदाता' को तपकर अब एक कहानी या कविता ने स्वयंचालित अर्थवत्ता पा ली है, जिस पर पाठक का उतना ही अधिकार है, जितना लेखक का, बल्कि सच कहें तो असली सृजनकर्ता पाठक और आलोचक हैं, लेखक तो अपना चोला छोड़कर कब से मैदान छोड़कर भाग खड़ा हुआ है। प्रश्न फिर भी बचा रहता है कि लेखक के स्वामित्व से छुट्टी पाकर क्या कलाकृति ने देश-काल की छाया से भी मुक्ति पा ली है?

आलोचना के प्रमुख कर्तव्यों में एक यह भी रहा है कि वह रचनाकार की जीवन-कथा की अवहेलना भले ही करे (और शायद यह अवहेलना ज़रूरी भी है) किन्तु क्या वह उसके 'देश-काल', सांसारिक समय की गतियों के प्रति निरासक्त रह सकती है? दरअसल देखा जाए तो वह यह कर्तव्य (यदि यह 'कर्तव्य' है) अलग से सम्पन्न नहीं करती, बल्कि एक कृति को जाँचने-परखने की प्रक्रिया में वह स्वतः उद्घाटित हो जाता है। किसी कविता या उपन्यास की उपलब्धि रेखांकित करते समय एक आलोचक अनायास ही उसका सम्बन्ध न केवल समकालीन रचना संसार से जोड़ने का प्रयास करता है, बल्कि समूचे पूर्ववर्ती साहित्यिक परिदृश्य में उसने कहाँ और कैसे नये मानवीय अनुभव को अंकित किया है, उसे भी परिभाषित करता है। 'जोड़' से मेरा अभिप्राय सरल रूप से गणित की तरह 'जमा' करना नहीं है,

जहाँ एक नई रचना दूसरी रचनाओं की भीड़ में शामिल हो जाती है, बल्कि मेरा आशय उस विशिष्ट जगह से है, जो एक रचना को अपने पूर्ववर्ती और पड़ोसी रचनाओं के बीच बनानी पड़ती है, जो या तो अब तक ख़ाली पड़ी थी या जिसकी उपस्थिति मात्र से आसपास के मानचित्र को अपनी रेखाएँ पुनर्नियोजित करनी पड़ती हैं। निराला, अज्ञेय, रेणु के आने से हिन्दी साहित्य का नक़्शा वही नहीं रह जाता, जो वह पहले था, जैसे यूरोपीय साहित्य में जॉयस, इलियट, प्रूस्त और काफ़्का के प्रकट होने मात्र से पश्चिमी साहित्य की समूची सृष्टि ही आद्योपान्त बदल जाती है और उसे देखनेवाली दृष्टि भी। आँधी, झंझावात, भूकम्प केवल बाहर की दुनिया में नहीं, साहित्य के संसार में भी आते हैं। हर महत्त्वपूर्ण साहित्यिक रचना हमारे अनुभव-मानचित्र की भौगोलिक सीमाओं को कुछ विस्तृत कर देती है, जिसके कारण हर युग में वे दीवारें ढह जाती हैं, जो हमारे और जीवन-सत्य के बीच आ खड़ी हुई थीं। एक विज्ञ आलोचक या संवेदनशील पाठक ही ऐसा प्राणी होता है जो इस तरह के विस्फोटक या धमाके के बाद आनेवाले परिवर्तन का सही जायज़ा ले पाते हैं; वे पूछते हैं—वह क्या विशेष चीज़ थी, जो इस रचना के आने से पूर्व नहीं थी, जो अब दिखाई देती है? अत: साहित्य का 'प्रयोजन' कुछ देने में नहीं, अपने होने की अनिवार्यता में बदल जाता है। किसी महान् कृति के समक्ष तब अजीब-सा कृतज्ञता भाव उत्पन्न होता है—हमें लगता है कि बिना उसके हमारा जीवन कितना विपन्न और अधूरा था।

अधूरेपन से सम्पूर्णता की ओर यात्रा—यह एक आध्यात्मिक अनुभव है जो एक कलाकृति अपने सर्वोच्च क्षणों में उपलब्ध करती है। यह एक अद्‌भुत यात्रा है, जहाँ हम एक नरक से दूसरे नरक तक गुज़रते हुए ऊपर उठते जाते हैं—*मृत्यो: स मृत्युं गच्छति।* मृत्यु से गुज़रना, वह जो नश्वर है, घायल, शोकाकुल, आहत है, घटनाओं और मृगतृष्णाओं

के चक्रव्यूह को रचता है, यहाँ से एक बार निकलकर वापस आना नहीं होता। यह हम 'महाभारत', 'इलियड' के महाकाव्यों में मनुष्य की निविड़ अन्धकारमयी यात्राओं में देख पाते हैं। यह वह यात्रा है, जहाँ व्यक्ति ब्रह्मांड की वैश्विक चेतना से स्खलित होकर अकेले अहं की कुहेलिका में ठिठुरता है। कला हमें इन सब अनुभवों के भीतर से गुज़रने का अद्वितीय अनुभव प्रदान करती है। मैं इसे 'आध्यात्मिक अनुभव' इसलिए कहता हूँ कि उच्च कोटि की कलाकृतियों में हर चीज को जैसी वह है वैसी, उसी रूप में देखना होता है; यह वह यथार्थ नहीं, जिसमें मनुष्य अपने को आरोपित करके प्रस्तुत करता है, यह वह यथार्थ है जो मनुष्य से अलग अपनी सत्ता में सम्पूर्णतया निस्संग है। आध्यात्मिक अनुभव साहित्य में एक अजीब कलात्मक सौन्दर्य में रूपान्तरित हो जाता है, जब हम मर्मान्तक क्षणों में अपने जीवन को अविभाजित सम्पूर्णता में देख लेते हैं। यह नश्वर में 'शाश्वत' की फ़लक है।

हमारी कितनी बड़ी भूल है कि हमने साहित्य और अध्यात्म के बीच एक ऐसी दीवार खड़ी कर दी जो दोनों को उसके रहस्य और रसमयता से वंचित कर देती है। भारतीय परम्परा में ऐसा कभी नहीं था। 'भगवद्गीता' का प्रवचन किसी मनोरम वाटिका में नहीं, युद्धक्षेत्र में दो विराट् सेनाओं के बीच हुआ था। यह एक अभूतपूर्व घटना थी, जहाँ युद्ध सिर्फ़ इसलिए रुक जाता है, क्योंकि एक सेनानायक हथियार उठाने से इनकार कर देता है। उपनिषदों का गहन दार्शनिक रहस्य जीवन के सामान्य अनुभवों के बीच उद्घाटित होता है। भौतिक और आध्यात्मिक एक-दूसरे के बिना अधूरे जान पड़ते हैं, इसीलिए कलाकृति और तत्त्वदर्शन में दोनों का अद्भुत सम्मिश्रण रहता है, जो मनुष्य के एक या दो पक्षों का नहीं—उसके 'समग्र मनुष्यत्व' से सम्बन्ध रखता है। 'गीता' में कृष्ण का विराट् ब्रह्म-स्वरूप सिर्फ़ एक रूपक है, जो हर महान् साहित्यिक कृति में अन्तर्निहित रहता है। जिस तरह अर्जुन अपनी 'मिनियेचर'

दुनिया से उठकर हठात् असंख्य सूर्यों, सृष्टियों, युगों से साक्षात् करता है और उस असाधारण अनुभव के परिप्रेक्ष्य में अपनी क्षुद्र पीड़ाओं और शंकाओं से मुक्ति पा लेता है, क्या हम ऐसा शेक्सपियर, टॉल्स्टॉय और प्रूस्त के उपन्यासों में महसूस नहीं करते—मानो घोर निविड़ अँधेरे में हमें कोई ऐसे सत्य का सूत्र मिल जाता है जो भ्रान्तियों के कुहरे को छाँट देता है और फिर हम इसी जीवन में एक नये अन्तर्लोक की किरण पा लेते हैं।

अजीब बात यह है कि ये तथाकथित भौतिक और आध्यात्मिक अनुभव एक-दूसरे से अलग नहीं हैं, वे परस्पर इतनी सघनता से जुड़े हैं कि उत्कृष्ट कलाकृति में दोनों सन्तुलित रूप से मूर्तिमान् होते हैं। यह बात सिर्फ़ साहित्य पर नहीं, संगीत जैसी विधाओं पर भी लागू होती है, जिसे हम अपेक्षाकृत अन्य कला विधाओं की तुलना में समय और इतिहास की गतिविधियों से निरपेक्ष मानते हैं। इसका एक उदाहरण विख्यात अंग्रेज़ी आलोचक स्टाइनर ने दिया है, जहाँ बीथोवन की रचनाओं का हवाला देते हुए वह बताते हैं कि यूरोप में नेपोलियन द्वारा लाई गई उथल-पुथल के बाद बीथोवन की अन्तिम संगीत रचनाओं ने एक असाधारण और गहन प्रकर्षता प्राप्त की थी, जो उनकी पूर्ववर्ती रचनाओं में नहीं दिखाई देती। दिलचस्प बात यह है कि आज इन रचनाओं को सुनते हुए हमारे भीतर जो आध्यात्मिक आलोड़न होता है, उसका तत्कालीन यूरोप की ऐतिहासिक घटनाओं से कोई सम्बन्ध नहीं। इससे एक कलाकृति की सृजन-यात्रा में देश-काल का महत्त्व क्षीण नहीं हो जाता, सिर्फ़ यह सिद्ध होता है कि हर पड़ाव पर वह समस्त प्रभावों को ग्रहण करती हुई अन्ततः जिस सम्पूर्ण अस्तित्व में प्रकाशमान होती है, उसे भौतिक अथवा ऐतिहासिक कठघरों में विभाजित नहीं किया जा सकता। वह यात्रा के समस्त पड़ावों से गुज़रती ज़रूर है, पर किसी एक की बन्दी या बाँदी बनकर नहीं रह पाती। कला का धर्म समस्त प्रभावों को लेते हुए भी

उनका अतिक्रमण करना है, तभी वह पूर्णरूप से अपना 'आत्म-सत्य' प्राप्त करती है। उससे साक्षात् करते हुए जो अनुभव होता है, किसी बेहतर शब्द के अभाव में मैं उसे सिर्फ़ 'आध्यात्मिक अनुभव' कह सकता हूँ; क्योंकि वहाँ मुझे बाँटनेवाली समस्त विभाजन रेखाएँ एक उन्मत्त लहर में डुबो जाती हैं और ख़ुद भी उसमें डूब जाती हैं।

सृजन में सोच की प्रक्रिया

मैं कई दिनों से इसके बारे में सोचता रहा हूँ कि हम ये जो विभाजन करते हैं कि कविता अनुभूति की चीज़ है और चिन्तन फ़िलॉसॅफ़ी की चीज़ है, यह कहाँ तक उचित है? मेरे जितने भी प्रिय उपन्यास हैं, वे सब चिन्तनपरक हैं—चाहे वे टॉमस मान और हरमन हेस के हों या, भारतीय उपन्यासों में, 'शेखर : एक जीवनी' और 'त्यागपत्र' हों। क्योंकि मेरे लिए, जैसा कि आप आगे सुनेंगे, चिन्तनपरक उपन्यास वे नहीं हैं, जिनमें फ़िलॉसॅफ़िकल सवालों पर सैद्धान्तिक बहसें होती हैं, जैसे कि वे मसलन गोरा में भी हैं (और इससे कोई उपन्यास बुरा नहीं बन जाता)। मैं जिस अर्थ में फ़िलॉसॅफ़िकल उपन्यास की बात कर रहा हूँ, वह बिलकुल अलग है। इस दृष्टि से, मसलन, 'अपने-अपने अजनबी' भी मुझे एक विफल उपन्यास जान पड़ता है क्योंकि उसमें दर्शन मनुष्य के कर्म के भीतर से उद्घाटित न होकर बहुत कुछ आरोपित सा जान पड़ता है। यह बात 'शेखर' में नहीं है।

जैनेन्द्र का मामला बिलकुल अलग है जिनके यहाँ उपन्यास की रचना ही चिन्तन के माध्यम से होती है। जहाँ वे सफल होते हैं तो इसलिए कि वे सन्तुलन बना लेते हैं, और जहाँ बुरी तरह से विफल होते हैं तो इसलिए कि वहाँ एक पक्ष अधिक प्रबल हो उठता है और कला के बाक़ी अवयव तिरोहित हो जाते हैं।

तब फिर सृजन के उस क्षेत्र में विचारों की भूमिका क्या है जिसे हम हमेशा अनुभव और अनुभूति का क्षेत्र समझते रहे हैं? यह जिज्ञासा मेरे मन में एक व्यक्तिगत कारण से भी पैदा हुई। एक गोष्ठी के लिए मुझसे आग्रह किया गया था कि मैं 'अन्तिम अरण्य' पर अपने विचार रखूँ। और, इस बीच अंग्रेज़ी पत्रिकाओं में कुछ समीक्षाएँ आई थीं जिनमें 'अन्तिम अरण्य' को 'फ़िलॉसॅफ़िकल नॉवेल' जैसा कुछ कहा गया था। मैं सोचता रहा कि यह किस तरह से फ़िलॉसॅफ़िकल नॉवेल है। उसमें कोई ऐसा दर्शन नहीं है जिसका निरूपण आप कर सकें; कोई ऐसी लगी-बँधी चिन्तन-पद्धति नहीं है जो उसके भीतर से निकलती हो। अगर वह फ़िलॉसॅफ़िकल है तो एक ऐसे अर्थ में जिसके लिए अक्सर हम 'फ़िलॉसॅफ़ी' जैसे शब्द का इस्तेमाल नहीं करते, पर जो अपनी अन्त:प्रक्रिया में ही एक तरह का सोच, एक तरह का निश्चय, एक तरह की रिफ़्लेक्टिवनेस लिए होता है। यह चीज़ पिछले बीस-तीस वर्षों में हमारे उपन्यासों में—पता नहीं क्यों—कम होती गई है। जर्मन साहित्य में तो यह चीज़ उसकी शक्ति का सबसे बड़ा स्रोत है : टॉमस मान और हरमन हेस के उपन्यासों में, होल्डरलिन और रिल्के की कविताओं में। ख़ुद इलियट में भी, जो कभी-कभी उनकी कमज़ोरी बन जाती है, तो कभी-कभी उनकी उपलब्धि।

इस प्रश्न का समाधान करने के लिए ही मैंने यह निबन्ध लिखा है जो मैं आपके सामने पढ़ने जा रहा हूँ।

कभी हम सोचते हैं, हम कहाँ होते हैं जब हम सोच रहे होते हैं। हम कह सकते हैं, वह चुप्पी की जगह है; मौन का द्वीप, जिसके किनारे बहुत-से ख़याल, स्मृति-खंड, दिवास्वप्न बहते हुए आते हैं। वे कहीं से भी आ सकते हैं—अतीत से, जो अब भी बीता नहीं है, जिए हुए समय से, जो अभी भविष्य नहीं बना है, जो अभी आया नहीं है। वे कहीं से भी आए हों, हम उन्हें अलग-अलग टुकड़ों में नहीं देख सकते। हम उन पर चिप्पी लगाकर यह भी नहीं कह सकते कि यह अन्त:स्थल के अँधेरे से बाहर निकला है, यह किसी घाव से जो सूखकर भी रिसता है, यह मेज़ की दराज़ से जहाँ से किसी पुराने फ़ोटो ने हमें अभी-अभी निहारा है...। नहीं, ये तसवीरें किसी लगी-बँधी शृंखला में नहीं आतीं। वे परस्पर गुँथे हुए बवंडर की तरह ऊपर उठती हैं। फिर कुछ भी दिखाई नहीं देता। या कुछ वैसा ही दिखाई देता है, जैसा फ़िल्म ख़त्म होने के बाद सिनेमा का स्क्रीन; सब कुछ देखने के बाद कुछ भी नहीं। पर कुछ तो था जिसने हमें जगाया था, जो हमें झिंझोड़कर आगे बढ़ गया था, जहाँ हम चुप्पी की निश्छलता में बैठे थे, अँधेरे ऑडीटोरियम में अकेले बैठे हुए बेसिलसिलेवार फ़िसलती हुई छवियों को देख रहे थे। क्या था वह? यदि इसका सीधा-सपाट उत्तर देने में इतनी उलझन होती है तो इसलिए कि हमारे युग की तथाकथित तर्कशील मानसिकता हमें अनुभव को अलग-अलग खाँचों में देखने के लिए बाध्य करती है। ऐसी मानसिकता में, जो बवंडर भीतर से गुज़रा था, उसके सिर्फ़ तिनके दिखाई देते हैं—तर्क, चिन्तन, सोच, स्मृति, मनन के अलग-अलग कठघरे, जिनमें यदि दर्शन चिन्तन से जुड़ा है तो कविता अनुभूति से। मनुष्य का भावना-लोक उसके चिन्तन-प्रदेश से उतना ही अलग और

अछूता जान पड़ता है जितना जीने का यथार्थ उसके कल्पना-लोक से। एक अनुभव-क्षेत्र से दूसरे में जाने के लिए या तो अध्यापक से वीसा या किसी आलोचक से पासपोर्ट लेने की ज़रूरत पड़ती है।

इस तरह का वर्गीकरण भारतीय परम्परा में अजनबी था। इसलिए 'महाभारत' जैसे महाकाव्य में 'भगवद्गीता' जैसे चिन्तन का होना उतना ही स्वाभाविक था जितना उपनिषदों के भीतर कहानी-कथाओं का होना। स्वयं यूरोप में, पन्द्रहवीं-सोलहवीं शताब्दी में, जिसे हम रेनासाँ का युग कहते हैं, दांते की महान काव्य-कृति 'द डिवाइन कॉमेडी' ईसाई धर्म के परिप्रेक्ष्य में एक सम्पूर्ण स्वायत्त जीवन-दृष्टि को रचती है, जिसमें दर्शन, धार्मिक चिन्तन, अनुभूति, विषाद अलग-अलग से नहीं बल्कि समूची काव्य-कृति के भीतर से अपना संयोजन करते हैं। गोएटे सम्भवत: अन्तिम यूरोपीय कवि-मनीषी थे जिन्होंने जीवन की अखंडित समग्रता को अपनी काव्य-रचना का आधार बनाया था (आप जानते होंगे कि गोएटे ने रंगों पर एक पूरी किताब लिखी थी कि किस तरह से रंगों की रचना होती है। अपनी इटली-यात्रा में उन्होंने वनस्पति विज्ञान का अध्ययन किया था, और 'प्राइमल प्लांट' ढूँढ़ने की परिकल्पना की थी। उनका उपन्यास 'इलेक्टिव एफ़ेनिटीज़' आप पढ़ें तो आपको यह नहीं लगेगा कि वह केवल एक अनुभूति पर आधारित था, उसमें अनेक तरह के अनुभव शामिल हैं)। उन्होंने पहली बार उस मानसिकता पर प्रश्नचिह्न लगाया था जो अनुभूति, दर्शन और बुद्धि—रेशनेलिटी—को एक-दूसरे से विभाजित करके उन्हें इतना अर्थशून्य और विपन्न बनाते हैं। क्या इस तरह का वर्गीकरण उस प्राणी की अन्तर्निहित समग्रता का निषेध नहीं करता जिसे हम मनुष्य कहते हैं?

कितनी बार हमने सुना है, कला जीवन का दर्पण है। कला के सम्बन्ध में यह इतनी घिसी-पिटी अवधारणा जान पड़ती है कि स्कूल के बेचारे हिन्दी अध्यापकों के अलावा शायद ही कोई इसे गम्भीरता से लेता हो।

पर यदि हम ध्यान से देखें तो उसकी सच्चाई इतनी प्रखर रूप से स्पष्ट है कि हम उसका सामना करने से घबराते हैं। कला के बारे में यह सूक्ति इस या उस मनुष्य की बात नहीं करती, वह उसके अन्दरूनी या ऊपरी यथार्थ के बारे में कुछ नहीं कहती। वह यदि दर्पण है तो मनुष्य-मात्र का जिसमें उसकी समस्त अन्त:क्रियाएँ प्रतिबिम्बित होती हैं। प्रतिबिम्बित होना यानी रिफ़्लेक्ट होना। रिफ़्लेक्शन—अंग्रेज़ी का यह शब्द प्रतिबिम्ब के अर्थ में तो आता ही है, पर उसका दूसरा अर्थ विचार करना, सोचना, भी होता है। ऐसा सोच जीवन की आपाधापी के बीच होता है। पर उसके लिए वह ऐसा शान्त बिन्दु खोज लेता है जो अपने में स्थिर है, जो सबके बीच होता हुआ भी सबको प्रतिबिम्बित करता है। हर श्रेष्ठ कहानी या कविता हमें सोच के इस शान्त बिन्दु पर लाकर छोड़ देती है। और इस शान्त बिन्दु के पीछे न जाने कितनी पछाड़ खाती भावनाएँ, लहूलुहान करते अन्तर्द्वंद्व, सन्देह और आत्मभ्रान्ति के बीहड़ अन्धड़ आते हैं जिन्हें मनुष्य भोगता है।

पर एक कलाकार के लिए भोगना ही काफ़ी नहीं है। उसके समानान्तर सोच की धारा जब तक नहीं बहती रहेगी तब तक वह मनुष्य उस जीवन का द्रष्टा नहीं बन पाता जिसे वह भोगता है। हर महान कलाकृति में दोनों प्रक्रियाएँ एक साथ चलती हैं—भोगना और देखना। पर जितनी गहन अन्तर्दृष्टि के साथ शेक्सपियर अपने नाटकों में दोनों का अन्तर्गुम्फित सम्बन्ध उजागर करते हैं, मैंने अन्यथा कहीं किसी लेखक में नहीं देखा। यहाँ मनुष्य को अपनी खंडित छवियों का नहीं, सम्पूर्ण अस्तित्व का अहसास होता है। सिर्फ़ वह नहीं जो वह है, बल्कि वह भी जो उसने खो दिया है ('मैकबेथ', 'हैमलेट', 'किंग लियर' जैसे नाटकों में जहाँ आत्मालाप आता है, वह कितने गहन रूप में फ़िलॉसॅफ़िकल है!); अपने होने और अभावों में सम्पूर्ण यानी ऐसे नाटकों को, ऐसी कलाकृतियों को पढ़ते हुए, हाइडेगर के मर्मस्पर्शी शब्दों में :

> मनुष्य जंगल के बीच एक ऐसी खुली जगह में आ जाता है, जो सत्य की ज़मीन है। वह एक ऐसा स्थान है जहाँ धरती और दुनिया के समस्त जीव-प्राणी (हाइडेगर का शब्द है—'मॉर्टल्स') और देवता एक-दूसरे से मिलते हैं।

जितना ही हमारा सोच अपने को स्वच्छ करता हुआ सत्य के इस पवित्र स्थल की ओर अग्रसर होगा, उतना ही अधिक वह काव्यात्मक होता जाएगा। उसी तरह, जैसे कोई काव्यात्मक अनुभूति उतनी ही चिन्तनशील होती जाएगी, जितनी वह इस सत्य के निकट पहुँचती जाएगी।

मैंने ऊपर 'सोच' शब्द का इस्तेमाल किया था। इसके दो कारण हैं। पहला यह कि जैसा कि मैं सोच के बारे में सोचता हूँ, मुझे लगता है, उसकी कोई निश्चित, तर्कसंगत चिन्तन-पद्धति नहीं होती। वह विचार नहीं, विचार का स्कैच है। आकार लेता हुआ एक रेखाचित्र। भीतर की चुप्पी में नहीं, चुप्पी के भीतर रूप लेता हुआ। पर वह बना-बनाया रूप नहीं होता, बनता हुआ रूप होता है। निराकार के भीतर से आकार लेता हुआ। साकार नहीं, साकार होने से पहले ही संकल्पहीन-सी धुंध, जो शब्द की ओर जाती हुई भी शब्द नहीं है, अभी तक शब्द नहीं बनीं। एक ऐसा आन्तरिक स्फुरण जिसके भीतर से कोई बिम्ब, कोई स्मृति-संकेत कल्पनालोक में, इमेज़िनेशन में, विचरता हुआ बाहर आता है। बिम्बों के संयोजन से ही किसी कविता या कलाकृति का जन्म होता है। पर यह संयोजन अपने-आप नहीं हो जाता। यह उतना स्वयंचालित और स्वेच्छाचारी नहीं होता, जैसा एक समय में सुर्रियलिस्ट कवियों की तथाकथित 'ऑटोमेटिक' कविताओं में होता था, जिन्हें आज कोई याद भी नहीं करता। हर संयोजन के पीछे कोई चालक शक्ति होती है जो हर कविता या कहानी को एक व्यवस्था, एक पैटर्न में बाँधती है, उसके ऊबड़-खाबड़ प्रभाव को संचालित करती है, उसे एक दिशा देती है।

यह चालक शक्ति क्या है? हम उसे अक्सर बुद्धि या रेशनेलिटी या विवेक का नाम देते हैं। शायद यह है भी। पर वह वैसी ही युक्तिपरक बौद्धिकता नहीं है, जैसी एक विचारक और दार्शनिक की होती है। यह कवि या कलाकार का सोच है। फ्रांसीसी कवि और चिन्तक पॉल वैलेरी ने कभी कहा था कि कवि का विचार किसी सूक्ति या सिद्धान्त से नहीं, स्वयं विचार लेने की प्रक्रिया में विशिष्ट होता है। वही भाषा उसके विचार को आकार देती है जिसमें वह कविता रचता है। कविता लोक की भाषा, उसकी लिंग्वा फ्रैंका वही नहीं होती जो हम दर्शनशास्त्र में या लॉजिक की पुस्तकों में देखते हैं। उसके नियम-क़ानून किस चालक शक्ति द्वारा निर्धारित होते हैं, यह आज भी रहस्य बना है। उसे खोलने की चाभी, अगर कभी थी तो वह आज विस्मृति के कुहासे में डूब गई है।

विस्मृति—मैं धीरे-धीरे आपको इस शब्द के अनुभव के निकट लाना चाहता था। आपको शायद मालूम होगा कि सोच कभी-कभी 'शोक' के अर्थ में भी ध्वनित होता है। किसी के न होने का विषाद। कोई चीज़ जो कभी हमसे संलग्न थी और अब जुदा हो गई है, हमसे दूर हट गई है। अंग्रेज़ी में कहा जाएगा—व्हिच हैज़ फ्रॉम अस। जर्मन कवि होल्डरलिन इसे देवताओं का मनुष्य लोक से विदाई का शोक कहते थे। किसी वियोग से उत्पन्न हुआ अवसाद। पर इससे भी भयंकर और पीड़ादायक बात यह है कि हम आज अपने बीच ख़ाली जगह को तो देखते हैं, पर याद नहीं कर पाते कि वहाँ कौन था जिसके न होने से वह ख़ाली पड़ी है। विस्मृति का अनुभव कुछ वैसा ही होता है। एक शान्त निश्चल झील; जब कोई पत्ता या पत्थर उस पर गिरता है तो पानी की सतह पर हल्का-सा कम्पन होता है, फिर सब कुछ पूर्ववत् शान्त हो जाता है। बाहर के आघात हमारे अन्त:स्थल की झील पर होते हैं। पर वहाँ जो स्फूर्तता उत्पन्न होती है, वह घटना है, जिसकी स्मृति कुछ देर के लिए भीतर के भँवर में लुप्त हो जाती है। पर उसकी छाया, उसकी खरोंच, उसका घाव हमसे छिटककर

किसी और अँधेरे में बर्फ़ की तरह जमा रहता है। यह विचित्र बात है, इस पर हम बहुत कम सोचते हैं कि विस्मृति का सागर हमारी सजग स्मृतियों के लोक से कहीं अधिक विशाल, कहीं अधिक गहरा, कहीं अधिक प्रगाढ़ होता है। विस्मृत, पर मृत नहीं। उसमें हमेशा एक हलचल, एक झंझावात-सा चलता रहता है, जो भूली हुई घटनाओं की तलछट किनारे पर छोड़ जाता है। उसी तरह नहीं, जैसी वे घटी थीं, उसके केवल कुछ पदचिह्न, कुछ बिम्ब, कुछ इशारे छोड़ जाता है। ज़्यादातर व्यक्ति उन्हें देखकर आगे बढ़ जाते हैं। रुकते भी हैं तो ऐसे, जैसे उन्हें कहीं सपने में देखा हो। पर लेखक को वे बहुत विचलित कर देती हैं। उसे वे अज्ञात दिशा से आते बुलावे जान पड़ते हैं। जैसे कभी यूलीसीस को अपनी सागर-यात्रा में साइरन का संगीत सुनाई देता था। ये कुछ ऐसे प्राचीन लिपि में लिखे हीरोग्लिप्स जान पड़ते हैं जिनको कभी हमने रचा था, स्वयं अपने को इन जादुई चिह्नों में अंकित किया था। इनके सम्पर्क में आते ही जो हमारे भीतर इतनी यातनादायी प्रतिक्रिया, इतना प्रगाढ़ आलोड़न होता है तो इसलिए कि हमारे भीतर विस्मृति की जो बर्फ़ीली परतें जमा हो गई थीं, उनके ताप से वे एक-एक करके बिखरने लगती हैं। हम उनमें अपने अस्तित्व के उन खंडित अंशों को देख पाते हैं, जो कभी हमारे साथ थे और अब हमसे अलग हो गए हैं। वे जो एक मुद्दत से मनुष्य से विलगित हो गए थे, पुनः ऊपर उठकर मनुष्य से तो नहीं, किन्तु उसकी कलाकृतियों में अपना खोया घर पा लेते हैं। खोज और पाने की इस दुर्लभ सृजन यात्रा में सोच एक दुर्लभ भूमिका सम्पन्न करता है, और यह दूसरा कारण है। वह अपने को अदृश्य रखता हुआ भी असंगत से दिखनेवाले बिम्बों और दृश्यों के बीच एक ऐसी प्रतीकात्मक संगति बिठा लेता है जिसमें हर परोक्ष प्रत्यक्ष में मूर्तिमान हो जाता है। वह सत्य को प्रत्यक्ष में उद्घाटित करता हुआ भी उसके रहस्य को बचाए रखता है, जिसे गोएटे, 'मेनीफेस्ट सीक्रेट' कहते थे (यानी जो मेनीफेस्ट भी है और सीक्रेट भी)।

कविता में प्रतीकात्मकता का प्रभुत्व अधिक रहता है अतः सार्त्र अपनी पुस्तक 'व्हाट इज़ लिटरेचर' में उसे (और जिन्होंने वह किताब पढ़ी है, उन्हें यह कुछ अजीब लगा होगा) साहित्य के क्षेत्र से बहिष्कृत कर देते हैं। उनके लिए केवल गद्य की विधाएँ—कहानी, उपन्यास—ही साहित्य की असली नागरिक हैं। किन्तु सोच और प्रतीकात्मकता का यह विभाजन अपने में ही भ्रान्तिमूलक है। सच्चे सोच की भाषा अपने में काव्यात्मक होती है। वह कविता में प्रकट होता है, या उपन्यास में, यह अप्रासंगिक है। मुझे एक बार फिर हाइडेगर के शब्द याद आते हैं कि कविता का विलोम गद्य नहीं है; शुद्ध गद्य उतना ही काव्यात्मक होता है जितनी कविता।

हर उत्कृष्ट उपन्यास की कथाधारा इन दो पाटों के बीच बहती है—गद्य और कविता जो सिर्फ़ दिखने में एक-दूसरे से अलग जान पड़ते हैं, असल में होते नहीं। यह संयोग नहीं कि शेक्सपियर के सबसे चिन्तनशील नाटक ट्रैजिडी में लिखे गए हैं क्योंकि उन्हें मालूम था कि शोक में ही कविता के बीज छिपे हैं और सोच का वैभव भी।

व्याख्यान के बाद श्रोताओं से बातचीत

एक श्रोता : कला कितना अकेलापन देती है, या कितना अकेलापन कम करती है?

निर्मल वर्मा : मैंने अभी कहा था कि उत्कृष्ट कलाकृति पढ़ने के बाद हम एक शान्त बिन्दु पर पहुँच जाते हैं। मैं समझता हूँ कि इस शान्त बिन्दु पर हम अकेला भी महसूस करते हैं और उससे छुटकारा पाने का सन्तोष भी। सबसे बड़ी बात तो यह है कि इस बिन्दु पर हम अपने को समस्त जीवन की हलचलों के बीच एक संन्यासी की तरह नहीं बल्कि

एक भोक्ता की तरह देखने लगते हैं। और मैं समझता हूँ कि यहाँ पर हम जितना अकेलापन महसूस करेंगे, उतनी ही हमारी ज़बरदस्त इच्छा होगी कि हम अपने साथ रहने की भूमिका तैयार कर सकें। जो व्यक्ति अपने साथ रहता है, उसे अकेलापन महसूस नहीं होता। हर कलाकृति अपने साथ रहने का उपक्रम करती है।

एक श्रोता : जब हम रचते हैं तो फिर अकेलापन कैसा?

निर्मल वर्मा : ठीक है। मैं आपसे सहमत हूँ।

गोविन्द मिश्र : आप भी शायद महसूस करते होंगे कि समय के साथ-साथ मनुष्य का समग्र जीवन, उसकी धारणाएँ, थोड़ा बदलती रही हैं। आप ख़ुद जिस बारीकी की मिसाल हैं, उसके चलते ऐसा लगता है कि आप लेखकों के लिए लेखक हैं। जबकि सिर्फ़ हिन्दी में ही नहीं बल्कि सारी भाषाओं में हम स्थूलता की ओर ज़्यादा बढ़ते चले गए हैं। इसीलिए आज जब हम समग्रता की बात करते हैं तो हमें ज़्यादातर शेक्सपियर, दांते की तरफ़ देखना पड़ता है। अब इतने वर्गीकरण हो गए हैं कि लोग एस्थीटिसिज़्म के भी अलग-अलग मापदंड चाहते हैं। अभी मैं लखनऊ में था तो बात यह हो रही थी कि हम पुराने मापदंडों को लेकर क्यों चलें—सोच, भाषा, चिन्तन, प्रतीकात्मकता...। किसी ने मुझे 'इन्दु' नाम की पत्रिका दिखाई जो ज़्यादातर दलित लेखन पर केन्द्रित थी। तो मैंने उनसे कहा कि दलित अनुभव के लिए आपको ऐसा लेखन चाहिए जो दलित ही हो, लेकिन अगर इस पत्रिका के सभी लेखक दलित हैं, और सभी के सभी दलितों के अनुभव लिख रहे हैं, तो फिर पत्रिका में चुनने का आधार क्या होगा? तो उनका जवाब था : 'आक्रोश'; जो जितने आक्रोश से अपने को अपने समाज से अलग करेगा...। तो मेरा प्रश्न यह है कि स्थूलता की तरफ़ हमारा बढ़ते चले जाना क्या हमारे समय का दबाव नहीं है?

निर्मल वर्मा : लेकिन गोविन्द जी, यह तो आप मानेंगे कि समय का दबाव रहा है, और यदि सोच, दर्शन, कविता का महत्त्व मानव-समाज में रहा है तो उसी स्थूलता का विरोध करने के लिए। तभी हम कविता की ओर जाते हैं, दर्शन की ओर जाते हैं, धर्म की ओर जाते हैं। और यह सोचना कि यह हमारे युग की ख़ास विशेषता है, ठीक नहीं है। स्थूलता हिन्दी समाज की नई विशेषता है, जो पहले कभी नहीं थी। और यह इसलिए नहीं आई है कि बाहर का दबाव है। यह इसलिए आई है कि हमने धीरे-धीरे उन संस्कारों को खो दिया है जिनके आधार पर कविता, दर्शन, उपन्यास पढ़ा जा सकता है, और जिनके आधार पर गम्भीर स्तर पर लिखा जा सकता है। आपकी बात बहुत चिन्ता जगानेवाली है। लेकिन ऐसा नहीं है कि यह हमारे ही समय का अभिशाप है। इसलिए इस मानी में आपको काफ़ी आशावादी होना चाहिए कि जिस हद तक कोई स्थूलता को, उसके खोखलेपन को, गाली-गलौज से नहीं बल्कि तार्किक स्तर पर, और ख़ुद अपनी कलाकृतियों के माध्यम से उद्‌घाटित करता है, उस हद तक वह इस स्थूलता को कम करने में योगदान करता है।

ईश्वर सिंह दोस्त : मेरा प्रश्न आपके विचारोत्तेजक व्याख्यान से उपजे सवालों से ही ताल्लुक़ रखता है। आपने थिंकिंग के फॉर्मलाइज़्ड थिंकिंग में बदलने की बात कही। हाइडेगर भी कहते हैं कि फ़िलॉसॅफ़ी थिंकिंग से पहले एपिस्टीम में बदली, फिर साइंस में बदली, इसके बाद विश्वविद्यालयों के विभागों की पाठ्य-पुस्तकों में उसका रिडक्शन हुआ। लेकिन हम देखते हैं कि यह सारी की सारी प्रक्रिया आधुनिक मनुष्य के साथ ही घटित हुई है, यह आधुनिकता की ही विडम्बना है। एक तरह से, हम लोग एक अनमीडिएट प्योर थिंकिंग, अनमीडिएटेड प्योर नॉलेज, जो अनुभव से अलग हो सके, की सोच-यात्रा में यहाँ तक पहुँचे हैं। इस सोच-यात्रा में दर्शन ने फ़ॉर्मल थिंकिंग को सुपीरियर

बताते हुए जो सोपान-क्रम तैयार किया, आपकी दृष्टि में उसे टूटना चाहिए, या हमें सोच के और भी ज़्यादा औपचारिक ढाँचे की तरफ़ बढ़ना चाहिए, जिसमें, जैसा कि आपने कहा, अनुभव में भी सोच की एक प्रक्रिया हो सकती है?

इसी से जुड़ा हुआ दूसरा सवाल है। अनुभव में सोच की प्रक्रिया के सन्दर्भ में आपने कविता या कहानी में एक बवंडर की बात कही। लेकिन औपचारिक चिन्तन में एक श्रृंखला की, उन धारणाओं की एक लड़ी की, जो उत्क्रमणीय और व्युत्क्रमणीय ढंग से एक दूसरे से जुड़ी हुई हों, ज़रूरत होती है। क्या महज़ उन अवधारणाओं का न होना ही अनुभव में सोच की प्रक्रिया का रूप होगा? मैं चाहता था कि इसे इस सन्दर्भ में थोड़ा और स्पष्ट करें। आपने दर्शन और कविता, दोनों को समेटते हुए बातें कही हैं। तो क्या दोनों जगह यह चीज़ सम्भव है—एक ही तरह से?

निर्मल वर्मा : आपकी पहली बात तो बिलकुल ठीक है। उसका मैंने अपने लेख में ज़िक्र भी किया है कि उसे प्योर शॉट कह लें, या स्पेशलाइज़्ड फ़िलॉसॅफ़िकल सिस्टम कह लें, दैट इटसेल्फ़ इज़ अ इम्पावरिशिंग प्रॉसेस। अपने को पवित्र करने के लिए उसका दूसरे सन्दर्भों से मुक्त होते रहना अपने में एक बड़ी चीज़, एक बड़ा प्रयास होता है।

लेकिन आपकी दूसरी बात वह नहीं है जिसकी चर्चा मैंने की है। अनुभव में सोच से मेरा आशय यह नहीं है कि किसी तरह का बाहर का सोच अनुभव में मिला दिया जाए, बल्कि यह कि अनुभव करते हुए ही रिफ़्लेक्ट करना कि मैं क्या कर रहा हूँ। भोगते हुए उसे देख पाना। रिफ़्लेक्शन इससे उत्पन्न होता है। और यह प्रक्रिया केवल लेखक के यहाँ नहीं, फ़िलॉसॅफ़र के यहाँ भी घटित होती है। बवंडर फ़िलॉसॅफ़र के यहाँ भी आता है। शुरू में चीज़ें साफ़-साफ़ नहीं आतीं, जैसा कि आइंस्टाइन कहते हैं, चीज़ों को आप बहुत कुछ इंट्यूटिवली एप्रिहेंड करते हैं,

टू एंड टू फ़ोर के लगे-बँधे नियम के आधार पर नहीं करते। कल्पना अपनी छलाँग के बीच के रास्ते को लाँघ जाती है। यह कविता में भी होता है, फ़िज़िक्स में भी होता है। मनुष्य के जीवन में ये सब चीज़ें महत्त्व रखती हैं। आज ये चीज़ें अंशों में बँट गई हैं। इससे न केवल मनुष्य की जीवन-दृष्टि विपन्न हुई है, उसका आत्मबोध विपन्न हुआ है, बल्कि कलाओं और विज्ञान की सत्ताएँ भी विपन्न हुई हैं।

एक श्रोता : आपने 'शेखर : एक जीवनी' को सफल और 'अपने-अपने अजनबी' को विफल कहा है। ऐसा क्यों?

निर्मल वर्मा : 'शेखर' एक तरह से ब्रूडिंग नॉवेल है। 'शेखर' में सोच जीने की प्रक्रिया में सहज रूप से आता है। हम उसे विशिष्ट मान लेते हैं क्योंकि हमारे समाज में ऐसा कम ही होता है, हम उस आदत को भूलते जा रहे हैं। लेकिर हर व्यक्ति, जिसका व्यक्तित्व सम्पन्न होता है, ऐसा करता है। उसी को हम संवेदनशील कहते हैं। शुरू के अध्याय देखें जहाँ शेखर राजनीति की बात करता है। वह अनुभूति के स्तर पर राजनीतिक उथल-पुथल को जिस तरह व्यक्त करता है, वह अपने में अनुभव है, उसमें यशपाल की तरह का रूखापन नहीं है। दूसरे भाग के अन्तिम पृष्ठ भी मेरे विचार से हिन्दी उपन्यास के सबसे अधिक हिला देनेवाले मन्थन हैं जिनके बीच से शेखर गुज़रता है। यह चीज़ हमें 'अपने-अपने अजनबी' में नहीं मिलती। उसके कई कारण हो सकते हैं। लेकिन मुझे जो लगा, वह यह कि अस्तित्व के प्रश्न अस्तित्व के भीतर से आने चाहिए। अगर प्रश्नों के पीछे अस्तित्व ओझल हो जाता है तो यह वैसी ही कमी है कि अस्तित्व के प्रभुत्व के नीचे सोच तिरोहित हो जाए। अज्ञेय दूसरी ग़लती तो नहीं करते लेकिन मुझे लगता है कि पहले मामले में उनमें एक लैप्स है। मुझे 'अपने-अपने अजनबी' कभी पसन्द नहीं आया। मैंने इसका एक रैशनल सोचा है। हो सकता है, इसका कोई दूसरा कारण हो।

रमेशचन्द्र शाह : इसी थीम पर लिखा गया 'आरोग्य निकेतन' आपको कैसा लगता है?

निर्मल वर्मा : वह एक महान कृति है। लेकिन मुझे बार-बार यह लग रहा है कि मैं अपनी बात को समझा नहीं पा रहा हूँ। जैसे कि 'गोरा' है, 'आरोग्य निकेतन' है—ये महान उपन्यास हैं, लेकिन ये उस अर्थ में फ़िलॉसॅफ़िकल उपन्यास नहीं हैं जिस अर्थ की ओर मैं इशारा कर रहा हूँ। जैसे कि कामू के 'द फाल' को मैं एक फ़िलॉसॅफ़िकल उपन्यास कहूँगा, इट इज़ अ रिफ़्लेक्टिव नॉवेल। 'आरोग्य निकेतन' जैसे उपन्यास केवल इसलिए फ़िलॉसॅफ़िकल नहीं बन जाते कि उनमें सोशल थिंकिंग है। अगर कोई मुझसे 'गोरा' के बारे में पूछे तो मैं कहूँगा कि वह एक सांस्कृतिक पीठिका को उजागर करता है; वह एक सभ्यतापरक उपन्यास है। लेकिन वह उस अनुभव का उपन्यास नहीं है जो भाषा के ही भीतर से रचकर आता है; जिसमें महत्त्वपूर्ण यह नहीं होता कि क्या कहा जा रहा है, बल्कि कैसे कहा जा रहा है, कैसे महसूस किया जा रहा है, कैसे दो व्यक्ति आपस में बात कर रहे हैं, यह महत्त्वपूर्ण होता है। बात का स्रोत यदि चिन्तन में नहीं है तो वह उपन्यास अच्छा हो भी, पर उसे फ़िलॉसॅफ़िकल कहने में मुझे संकोच होगा। हरमन हेस का 'दि ग्लास बीड गेम्स' एक फ़िलॉसॅफ़िकल उपन्यास है—इस शब्द के सच्चे अर्थ में। उसमें कोई फ़िलॉसॅफ़िकल उपदेश नहीं है, सिद्धान्त नहीं हैं, वह फ़िलॉसॅफ़ी की शर्तों पर नहीं लिखा गया है, फ़िक्शन की शर्तों पर लिखा गया है, उसमें पूरी औपन्यासिक संरचना है, लेकिन उसमें फ़िलॉसॅफ़ी उतनी ही है जितनी जीवन को प्रतिबिम्बित करने के लिए ज़रूरी होती है।

श्रीकान्त पांडे : आपने एक जगह लिखा है कि शब्द कितने ही सरल और स्पष्ट क्यों न हों, उनके भीतर का सत्य तब तक नहीं गूँजता जब तक कि उनके पीछे कोई मानवीय अनुभूति निहित नहीं होती।

एक दूसरी जगह आप लिखते हैं कि समय का आरम्भ उतना ही आरम्भहीन हो सकता है जितना कि उसका अन्त अन्तहीन। इससे आपका आशय क्या है? आपकी इस बात के पीछे कौन-सा अनुभव या सत्य गूँजता है?

निर्मल वर्मा : यह बात मैंने उन मिथकों के सन्दर्भ में कही थी जो सृष्टि के आरम्भ के बारे में बात करते हैं। ये मिथक हर धार्मिक चिन्तन में पाए जाते हैं। वे कोई वैज्ञानिक कारण नहीं देते, वह बहुत ही काव्यात्मक विवरण होता है। ज़रूरी नहीं होता कि हम उसे अक्षरश: स्वीकार करें। वह एक ओपनिंग होती है जिससे हमें यह अहसास होता है कि आरम्भ के बिन्दु ऐसे ही होते होंगे। जिन बिन्दुओं से चीज़ आरम्भ होती वे भी एक अनन्त से आकार लेते हैं। इसका मतलब यह नहीं कि वह अनन्त नहीं है। वह इसकी शुरुआत है कि हमारे समाज में अनन्त में समय कैसे शुरू होता है; वह अनन्त का निषेध नहीं है। और यही चीज़ भविष्य की अन्तहीनता पर भी लागू होती है। वैसे तो ईसाइयत में, जूडाइज़्म में माना गया है कि समय का अन्त हो जाएगा, इतिहास का अन्त हो जाएगा, डे ऑव जजमेंट विल कम, लेकिन भारतीय परम्परा में ऐसा नहीं है, जहाँ समय चारों युगों के चक्र में घूमता रहता है। लेकिन मुझे नहीं लगता कि आज इस तरह के विश्वासों का बहुत ज़्यादा महत्त्व रह गया है। उसे एक मिथिकल इम्पॉर्टेंस दी जा सकती है, फैक्चुअल नहीं। देखा जाए तो पुनर्जन्म में ही हमारा दूसरा जन्म शुरू हो जाता है, अगर पुनर्जन्म में विश्वास किया जाए तो। लेकिन इससे यह तो साबित नहीं हो जाता कि मेरे इस जन्म का इस जीवन का अन्त नहीं हो जाता। दोनों चीज़ें ठीक हैं, हमारी परिकल्पना में। यह मनुष्य की कल्पना का सबसे बड़ा वैभव है कि हम उन चीज़ों को भी कंसीव करते हैं जिनका कि कोई वैज्ञानिक तर्क नहीं होता। अपनी ही परम्परा के देवी-देवताओं को देखिए, हमारे अपने लोगों की समृद्ध कल्पना की तरफ़ देखिए, जिन्होंने शिव, पार्वती,

शक्ति, काली, सैकड़ों देवताओं का आविष्कार किया है। हम उन पर विश्वास करें न करें, लेकिन उनकी परिकल्पना देखिए, जो मनुष्य के समूचे स्वभाव का, वृत्तियों का, शक्तियों का, उसके अँधेरे का, अलग-अलग रूपों में प्रतिनिधित्व करती हैं। फ्रेंच फ़िलॉसॅफ़र सिरोन ने कहा था कि ऐसा क्यों है कि पेगॅन रिलीज़न में मनुष्य के ऊपर ईश्वर का दबाव इतना कम होता है? क्योंकि उस पर एक ईश्वर का कोप नहीं होता, वह अपने को अनेक देवताओं के बीच में पाता है। और यह, देवताओं के एक परिवार में रहना, अपने में बहुत बड़ी राहत है। मेरे कहने का मतलब यह है कि मनुष्य ने जीने के लिए मिथकीय कल्पना में चीज़ों को कितना गढ़ा है। आप इसके सौन्दर्य को देखिए, इसके साइंटिफ़िक लॉजिक में जाने की ज़रूरत नहीं है।

एक श्रोता : आपको क़रीब से जाननेवाले लोग जानते हैं कि आप अत्यन्त प्रसन्नचित्त और विनोदशील स्वभाव के हैं। लेकिन ऐसा क्यों है कि आपके उपन्यासों, कहानियों में यह विनोदवृत्ति सिरे से ग़ायब है? वह न तो आपके नैरेशन में दिखाई देती है, न आपके पात्रों में।

निर्मल वर्मा : मैं ऐसा नहीं मानता। मुझे हमेशा हैरानी होती है कि अपने उपन्यासों में, जहाँ मैं सोचता हूँ कि गहरा विनोद है, वहाँ पर कोई हँसता ही नहीं है। वैसे कभी किसी ने चेख़ॅव से पूछा था कि ऐसा क्यों है कि आप इतना हँसते हैं, ख़ुशमिज़ाज रहते हैं, लेकिन आपकी कहानियाँ बहुत उदास होती हैं, तो उन्होंने कहा था कि जो क्लाउन होता है, विदूषक होता है, वह अन्दर से बहुत उदास होता है।

रमेश दवे : आपने बाबेल के सन्दर्भ में बात करते हुए कहा है कि वे काव्यात्मक बिम्बों का ज़्यादा इस्तेमाल करते हैं और चेख़ॅव कथात्मक बिम्बों का। आप इनमें किस तरह भेद करते हैं?

निर्मल वर्मा : मैंने यह नहीं कहा है कि बाबेल के गद्य में काव्यात्मकता है। मैंने, अगर मैं ठीक से याद कर पा रहा हूँ तो, यह कहा है कि मृत्यु का रूपक इतना पैना और इतना सहज रूप से भी गढ़ा जा सकता है, यह पहली बार बाबेल ने अपनी कहानी में दिखाया था। सन्दर्भ मुझे ठीक से याद नहीं है। वह किसी सोल्जर की कहानी थी। जो दृश्य मेरे मन में अंकित है। उसके अनुसार किसी के मरने की, ख़ून के बहने की सारी प्रक्रियाएँ उस रूपक में समाहित थीं। यह काव्यात्मकता है—मैंने यह कहा था। और मैंने यह कहा था कि यह वैसी ही काव्यात्मकता है जिसकी ओर चेख़ॅव ने इशारा किया था जब उन्होंने गोर्की से कहा था कि चाँद दिखाने के लिए पूर्णिमा का वर्णन करना ज़रूरी नहीं है, इतना भर दिखा देना पर्याप्त है कि एक टूटी हुई बोतल में चाँद का अक्स कैसा बन रहा है। यह कथात्मकता है। आप एक प्रतीक से सत्य को उद्घाटित करते हैं, बिना उस सत्य को भाषा में लाए हुए; एक रहस्य को उद्घाटित करते हैं, उस रहस्य की रहस्यात्मकता को भंग किये बग़ैर। मैं समझता हूँ कि इसके लिए एक गहरी कलात्मक सूझ-बूझ चाहिए। हम पृष्ठ-दर-पृष्ठ भर देते हैं—यह गोर्की का सबसे बड़ा दोष था। समुद्र का वर्णन करते हुए, चाँदनी का वर्णन करते हुए, चेख़ॅव इन्हें एक पंक्ति में पूरी मार्मिक अन्तर्दृष्टि के साथ ले आते थे। क्योंकि वे एक कवि थे; वे लिखते कहानियाँ थे, लेकिन उनकी दृष्टि कवि की दृष्टि थी।

सत्येन कुमार : अनुभव और सोच। इस सिलसिले में मुझे कई महत्त्वपूर्ण लेखकों की याद आती है; मसलन सॉल बैलो और मिलान कुन्देरा। इन दोनों ही लेखकों को पढ़ते वक़्त यह अहसास होता है कि इनके यहाँ अनुभव आदमी को डि-नेचर करने का, डि-ह्यूमनाइज़ करने का अनुभव है। ऐसे में अगर अनुभव के भीतर से सोच निकल रही है, और इसी में उस रचना की सारी ख़ूबसूरती है, जैसा कि आप कह रहे हैं,

तो यह बहुत अहम रूप से...। तो यह जो डि-नेचरिंग है...उपन्यास पढ़नेवाला यह सोचता है कि इस अनुभव की जो सोच, विचार की जो बॉडी सामने आती है, उस समय वह उस अनुभव से बाहर है...। ऐसा कई उपन्यासों में होता है। इसके पीछे क्या और कैसी चीज़ हो सकती है?

निर्मल वर्मा : आपने दो बहुत ही सुन्दर उदाहरण दिये हैं और दोनों ही मेरे बहुत प्रिय उपन्यास हैं, सॉल बैलो का 'सीज़ द डे' तो बहुत ही सुन्दर है। आप जिसे डि-नेचरिंग कह रहे हैं, उसके लिए हाइडेगर ने बहुत सुन्दर शब्द इस्तेमाल किया है—डिसकंसीलमेंट। यानी जब मनुष्य के भीतर का मनुष्यत्व प्रच्छन्न से प्रत्यक्ष में आता है, इसी के साथ दूसरी बात मैं कहना चाहूँगा, और वह है कनेक्टिवनेस की। जिस काव्यात्मक शक्ति की बात मैं कर रहा था, वह तब उभरकर आती है जब लेखक ऐसी चीज़ों में अन्त:सम्बन्ध बनाता है जो एक-दूसरे से बिलकुल ही अजनबी हैं। और दो अजनबी चीज़ों के सम्बन्ध के भीतर ऐसा सत्य जन्म लेता है जिसके बारे में हमने कभी सोचा भी नहीं था। यह चीज़ टॉल्स्टॉय में सबसे अधिक है, क्योंकि टॉल्स्टॉय के लिए मनुष्य का कोई भी अनुभव मनुष्यत्व से शून्य नहीं है। मैंने कई बार इसकी चर्चा अपने निबन्धों में की है कि किस तरह आन्द्रेई युद्ध-क्षेत्र में लेटा है, लोग मर रहे हैं, चिल्ला रहे हैं, चीख़ रहे हैं, ख़ून बह रहा है, और अचानक उसका ध्यान आकाश की ओर जाता है। आकाश निरभ्र, शान्त, नीला, विस्तीर्ण फैला हुआ है, इस बात से उदासीन कि क्या हो रहा है। और इन दोनों को एक साथ देखना—ऊपर के आकाश को और युद्ध-क्षेत्र की चीख़-पुकार को—यह केवल एक काव्यात्मक दृष्टि के लिए ही सम्भव है। यह है फ़िलॉसॅफ़िकल अन्तर्दृष्टि। इसमें अलग से कोई फ़िलॉसॅफ़ी नहीं है, पर प्रकृति किस तरह हमारी जीवन की क्रियाओं से उदासीन होती है, और किस तरह हम अपने में लिप्त होकर ऐसी शाश्वत निरन्तरता में फैली हुई चीज़ के प्रति उदासीन होते हैं—इसे जिस प्रतीक के द्वारा वे हमारे

सामने लाते हैं, वैसा शायद कोई फ़िलॉसॅफ़र भी नहीं सोच सकता, कोई धर्मशास्त्री भी नहीं सोच सकता। कवि का दर्शन इसी प्रतीकात्मक शक्ति में निहित होता है।

आपने अच्छी बात कही...इससे मुझे 'सीज़ द डे' के उस आदमी की याद आ रही है (हँसी) जिसे मैं हास्यास्पद कहता हूँ, और जिसे हम भूल गए हैं, क्योंकि हमने इतने फूहड़ हास्य लेखकों को पढ़ा है कि विनोद की हमारी प्रवृत्ति जैसे मर गई है। (रमेशचन्द्र शाह के उपन्यासों में विनोद और व्यंग्य इतना गम्भीर तौर पर आता है कि मैं कभी-कभी पढ़ते हुए हँसने लगता हूँ। यह चीज़ उन टकसाली हास्य लेखकों में नहीं है जो हिन्दी में प्रसिद्ध हैं।) बहरहाल, सॉल बैलो का यह आदमी रो रहा है, अपने व्यक्तिगत सन्ताप के कारण। रोता हुआ वह एक गिरजे में चला जाता है। गिरजे में किसी आदमी का शव रखा हुआ है और वहाँ प्रार्थना हो रही है। लोग इस आदमी को देखते हैं और सोचते हैं कि वह इसका कोई बहुत ही निकट सम्बन्धी रहा होगा, जिसके मरने पर इसको इतने आँसू आ रहे हैं, जबकि न तो इस आदमी को पता है कि कौन मरा है, न लोगों को मालूम है कि इस आदमी का क्या दुःख है; लेकिन गिरजे के भीतर यह व्यथा एक सम्पूर्ण चित्र, एक सम्पूर्ण बिम्ब हमारे मानस पर अंकित कर देती है।

रमेशचन्द्र शाह : अस्सी के दशक की आपकी डायरी में यह आता है कि नायपॉल को पढ़ने में मेरा मन रमता नहीं है, क्योंकि वह बड़ा रूखा, बड़ा सिनिकल, बड़ा निस्संग है। इतने वर्षों के गुज़र जाने के बाद नायपॉल के बारे में आपकी फ़ीलिंग में क्या कोई फ़र्क़ आया है? इसी से जुड़ा हुआ सवाल यह है कि आप उसे एक ट्रैवलॉग राइटर के रूप में ज़्यादा महत्त्वपूर्ण मानते हैं या एक उपन्यासकार के रूप में, जिस नाते उसे नोबल पुरस्कार मिला है—'हाफ़ अ लाइफ़' पर?

निर्मल वर्मा : 'हाफ़ अ लाइफ़' मैंने पढ़ा नहीं क्योंकि किसी ने भी उसकी प्रशंसा नहीं की, और उसकी इतनी निन्दा सुनी है कि...। वैसे भी आदमी चुनी हुई चीज़ों को पढ़ने का समय निकाल पाता है। उनके उपन्यासों में मुझे जो सबसे अच्छा लगता है, वह पहला ही है—'द हाउस ऑफ़ मिस्टर बिस्वास'। बाक़ी या तो मैंने पढ़े नहीं हैं, या पढ़े भी हैं तो बीच में छोड़ दिये हैं। और मुझे नहीं लगता कि वे कभी उत्कृष्ट कथाकार रहे हैं। हो सकता है, उनकी इधर की एक किताब, जिसकी बहुत प्रशंसा हुई है, 'द इनिग्मा ऑव अराइवल', जो अभी मैंने पढ़ी नहीं है, शायद अच्छी हो। जहाँ तक उनके दूसरे लेखन का सवाल है—जिसे आप जर्नलिज़्म कह लीजिए या ऑब्ज़र्वेशंस कह लीजिए, जो उन्होंने घूम-फिरकर इस्लामी सभ्यता के बारे में, भारत के बारे में, लिखा है—उसमें ज़रूर उनका विकास हुआ है। आप देख सकते हैं कि 'एन एरिया ऑव डार्कनेस' से लेकर 'अ वूंडेड सिविलाइज़ेशन' तक और फिर 'अ थाउज़ेंड म्यूटिनीज़' तक उनमें कितना बदलाव आया है। उनके सोचने में बदलाव आया है, भारत के प्रति उनके दृष्टिकोण में बदलाव आया है। उनकी कलात्मक चेतना कितनी परिष्कृत हुई है, इस बारे में मुझे सन्देह है।

ध्रुव शुक्ल : आप सोच की बात कर रहे थे। यूँ तो कहा जाता है कि 'सोचे सोच न होवे'...। तो ये जो प्रक्रिया आपने समझाई, वह बहुत आनन्द से भर देनेवाली है; और आपकी कहानियाँ तो ख़ुद इसका उदाहरण हैं। वे सोच से भरी हुई कहानियाँ हैं—हर जगह दो पात्रों के संवादों के बीच में या घटती हुई घटनाओं के बीच में सोच आता है। लेकिन क्या सोच अपना शिल्प भी लेकर नहीं आता है? या लेखक सिर्फ़ सोच के ही भरोसे रहता है? यानी लेखक की कोई ऐसी तटस्थता अपने सोच के साथ होती होगी! क्योंकि उसकी कहानी तो उसके शिल्प के कारण मानी जाती है। तो क्या सोच में शिल्प की प्रक्रिया निहित है?

निर्मल वर्मा : ध्रुव, ये तो तुम शायद मानोगे, एक कवि होने के नाते, कि सोच जैसी प्रक्रिया शिल्प के लिए अजनबी कैसे रह सकती है! जब हम किसी कहानी को याद करते हैं तो शिल्प का योगदान उसमें सबसे ज़्यादा होता है। हम यह थोड़े ही कहते हैं कि उसका सत्य तो अच्छा है लेकिन कहानी फूहड़ है! अनुभूति, सोच, स्मृति, यथार्थ, कल्पना—इनके संयोजन से जो कहानी बनती है, वही शिल्प है। शिल्प कोई ऊपरी सज्जा तो नहीं है!

ध्रुव शुक्ल : मैं यह कह रहा हूँ कि बहुत-से ऐसे लेखक हैं जो अपने सोच के साथ लिखने को स्थगित किये रहते हैं...।

निर्मल वर्मा : कोई उदाहरण...?

ध्रुव शुक्ल : अनेक लेखक, मसलन तुलसीदास ही। उन्होंने 'रामचरितमानस' को लिखने के लिए अपनी पचहत्तर वर्ष की उम्र गँवा दी। यानी इतने वर्ष तक वे एक सोच के साथ रहे होंगे, सोच की प्रक्रिया में रहे होंगे, और उन्होंने उस कृति को ढाई-तीन बरस में रच लिया। तो सोच की इस अनायास प्रक्रिया को, जिसे आप कह रहे हैं कि वो सायास नहीं है, किस तरह वर्षों स्थगित रखा जा सकता है?

निर्मल वर्मा : ये प्रश्न तो बहुत सुन्दर हैं क्योंकि यह तो मैं मानता ही हूँ कि वह अनायास होना चाहिए। अनायास सोच की ही बात मैं कर रहा हूँ। अगर लेखक किसी सोच को जानबूझकर आधार बनाकर रचना करता है, तो वह घटिया रचना होगी ही, चाहे वह सोच किसी सिद्धान्त का हो या दर्शन का। लेकिन सृष्टि को एक चिन्तक की दृष्टि से देख पाना, जहाँ चिन्तन कर्म की छाया की तरह चलता है, वह अपने में विशिष्ट है।

लेकिन तुम्हारे प्रश्न का दूसरा हिस्सा क्या था?

ध्रुव शुक्ल : मान लीजिए, तुलसीदास अपने उस सोच के साथ सत्तर-पचहत्तर बरस रहते हैं और फिर वे सहसा दो-तीन साल में उसको लिख देते हैं; तो शायद ऐसा भी है कि उस सोच के लिए जो शिल्प अपेक्षित था, वह उसके मन में सहसा प्रकट होता है, और वह कृति रची जाती है...।

निर्मल वर्मा : ज़रूर हो सकता है; पर मेरे ख़याल में यह प्रक्रिया अलग-अलग लेखकों के साथ अलग-अलग ढंग से घटित होती होगी। सोच और अनुभूति के घालमेल का गेस्टेशन पीरियड हर लेखक का एक-सा नहीं होता। लेकिन यह होना अनिवार्य है; यह एक उत्कृष्ट रचना की अनिवार्य शर्त है।

एक श्रोता : उपन्यास विधा के विश्लेषण के क्रम में आपने सभ्यता के बदलते हुए रूपों के साथ व्यक्ति की बदलती हुई छवियों को पहचाना है। इस आज के निपट उपभोक्तावादी, बाज़ारवादी, विश्वग्रामवादी, सूचना-संचारवादी, और इन सबसे ऊपर अभूतपूर्व रूप से धर्मोन्मादवादी समय के मनुष्य में व्यक्ति का कैसा रूप आप देखते हैं? और क्या यह व्यक्ति उपन्यास के सामने, बल्कि गद्य मात्र के सामने कोई नई चुनौती पेश करता लगता है?

निर्मल वर्मा : एक लेखक व्यक्ति की अन्तश्चेतना को अपनी रचनाओं के माध्यम से सतह की रोशनी में लाता है। इस अन्तश्चेतना पर, जो एक कथाकृति में रूपायित होती है, वे सब चिह्न, आघात और प्रभाव अंकित होते हैं, जिनका ज़िक्र आपने किया है। पर हिन्दी कथा-साहित्य से मेरी यह शिकायत रही है कि वह रूपान्तरण की प्रक्रिया के जादू को नहीं जानता; बहुत कम जानता है। कैसे एक बाहरी प्रभाव अन्त:प्रक्रिया में बदलकर एक दूसरा रूप धारण कर लेता है, जो इस कविता या

कहानी को सार्थक बनाता है, इसके बारे में हमारा विश्वास नहीं है। हम उस आघात को वैसा ही देखना चाहते हैं, जैसा कि अख़बार में उसका वर्णन मिलता है, जैसा कि एक समाजशास्त्री उसका वर्णन करता है, एक साइकोएनॉलिस्ट करता है। उन्हें कला में विश्वास नहीं है। पिछले बीस वर्षों में हिन्दी साहित्य का अभिशाप यह रहा है कि साहित्यकारों में ख़ुद ही अपनी कला के प्रति विश्वास लुप्त होता गया है। यह कितनी बड़ी, कितनी क्रूर विडम्बना है कि आप राजनीति के पास, समाजशास्त्र के पास, विज्ञान के पास तो जाते हैं, लेकिन...। और यही आपके प्रश्न का उत्तर है। भूख की एक कहानी 'दोपहर का भोजन' अमरकान्त ने लिखी थी। उसमें कहीं भूख का ज़िक्र नहीं है। स्त्री अपना खाना बचाती-बचाती सब खाना अपने बच्चों को, अपने पति को दे देती है। ढाई पेज की कहानी है। ऐसी कितनी कहानियों का समय गुज़र गया! उसमें पूरी रूपान्तरण की प्रक्रिया आती है। जो व्यक्ति उसे भोगता नहीं है, उस प्रक्रिया से नहीं गुज़रता, ज़ाहिर है, वह लिखे हुए शब्द की शक्ति पर विश्वास नहीं करता। आप क्षोभ करते हैं कि भारत में लेखकों की कोई पूछ नहीं है। अरे, आप राज्यसत्ता से उम्मीद करते हैं कि वह लेखकों को महत्त्व दे, जबकि ख़ुद लेखकों ने अपनी कला को महत्त्व देना बन्द कर दिया है!

दीपेन्द्र बघेल : आपके साहित्य के प्रति मेरे आकर्षण के कई कारण रहे हैं, उनमें जो एक मूल कारण रहा है, वह यह है कि अस्तित्व की आपकी धारणा मुझे अनूठी लगती है। आप अस्तित्व में जिस तरह से रहस्य को देखते हैं, उसमें यह पूर्वमान्य है कि अस्तित्व को न तो ज्ञान से एक्ज़्हॉस्ट किया जा सकता है, न लेखकीय मेधा से और न ही अन्यों की उपस्थिति से। इस स्थिति में ज्ञान यहाँ पर एक तरह के एपोरिया का अनुभव करता है। ज्ञान असम्भव हो जाता है और वह एक तरह की

इनएक्सेसिबिलिटि का अनुभव करता है। मुझे लगता है कि ज्ञान यहाँ पर अनुभूति की तरह इसलिए बढ़ पाता है क्योंकि अपने-आपमें बुनियादी तौर पर अधूरापन महसूस करता है। मुझे लगता है कि अनुभूति की अर्हता इसी बात में है कि अनुभूति के क्षण में हमें अपना ज्ञान अधूरा लगने लगे। मुझे 'परिन्दे' याद आती है। उसमें चार-पाँच चरित्र हैं—ह्यूबर्ट, लतिका, डॉक्टर...। इन सारे चरित्रों को जान लेने के बावजूद, इनके हमारे ज्ञान के एक्ज़्हॉर्सन के बावजूद, इनके बारे में रहस्य का धुँधलका बराबर बना रहता है। उसमें कई ऐसे रूपक आते हैं कि जो अन्दरूनी धुंध थी, वह बाहरी धुंध में घुल गई; बाहरी धुंध अन्दरूनी धुंध में घुल गई। मैं समझता हूँ कि अस्तित्व की आपकी धारणाएँ ही अलग-अलग चरित्रों का रूप धारण करती हैं। इसी के साथ-साथ वे एक तरह के आख्यान को भी रचती हैं। ज्ञान की अपर्याप्तता की यह दशा दर्शन को एक अनूठे स्टांस में लाती है, क्योंकि यहाँ पर किसी उपलब्ध विचार के अभाव में ही सोचने की प्रक्रिया चलती है। इस अनगढ़ प्रश्न को लेकर आप क्या सोचते हैं?

निर्मल वर्मा : आपने अस्तित्व के बारे में बहुत सुन्दर बात कही है। लेकिन जो बात आपने कही है, वह केवल मेरी कहानियों पर ही लागू नहीं होती, वह कला मात्र का एक सत्य है। कलाकृति में कुछ भी एक्ज़्हॉस्ट नहीं होता। एक कलाकृति उस साधक की तरह होती है जो कुछ भी एप्रोप्रियेट नहीं करता। एप्रोप्रियेट करना उसका धर्म ही नहीं है, उसका धर्म है संकेत करना—उस जगह संकेत करना, जहाँ किसी की निगाह नहीं जाती। और इसीलिए वह किसी चीज़ को किसी अनुभव को, डिस्कवर नहीं करती, वह उस अनुभव को रोशनी में लाती है जो अब तक अँधेरे में छिपा था। लेकिन कहानी को पढ़ने के बाद अनुभव वैसा ही रहता है। जिसने अनुभव किया है, वह वैसा ही बना रहता है।

चेख़ॅव की कहानी 'अ ड्रियरी स्टोरी' को पढ़ने के बाद आपको लगेगा कि कुछ भी नहीं बदला है, और यह भी लगेगा कि कम-से-कम आपके लिए काफ़ी कुछ बदल गया है। क्योंकि लेखक ने आपको उन स्थलों के बीहड़पन, उनकी संश्लिष्टता, विषाद, और जिसे आपने कहा है 'अधूरापन' (बहुत सुन्दर शब्द है)...। ये सब पूर्ववत् रहते हैं। लेकिन कैसी माया है कि इन सब अधूरे बिम्बों, भावनाओं, अनुभवों को लेकर कहानी का जो प्रभाव आप पर होता है, वह सम्पूर्ण अस्तित्व के प्रति संकेत करता जान पड़ता है। कहानी अपूर्णता दूर नहीं करती, वह हमारे आत्मसन्तोष की बर्फ़ को तोड़ती है। काफ़्का का वाक्य था कि कला वह कुल्हाड़ी है जो भीतर की जमी हुई बर्फ़ की झील को तोड़ती है। यह बर्फ़ की झील जो हम अपने भीतर लिये चलते हैं...इसमें एक सम्पूर्ण मनुष्य को लग सकता है कि मैं कितना अधूरा था, और अधूरेपन का यह अहसास उसे सम्पूर्णता की ओर बढ़ाता है।

मैं आपकी इस टिप्पणी से बहुत सहमत हूँ। और मैं समझता हूँ, आपने कला की रहस्यपूर्ण भूमिका पर, उसकी सृजनात्मक भूमिका पर, उँगली रखी है।

एक श्रोता : आप उपन्यासकार हैं, आज के समय के दबावों के चलते एक अच्छे उपन्यास का शिल्प कैसा होना चाहिए?

निर्मल वर्मा : उसका शिल्प दबावों के अनुकूल होना चाहिए। ये दबाव ही उस शिल्प को रच सकते हैं।

[भोपाल में दिया गया व्याख्यान]

सच्चा लेखक विचारधारा का दास नहीं होता

वी.एस. नायपॉल ने नोबेल पुरस्कार मिलने पर अपनी पहली प्रतिक्रिया में भारत को याद किया। दो पीढ़ियों के बाद भी इस देश के प्रति उनके सम्बन्ध को आप किस रूप में देखते हैं?

बड़ा पेचीदा और संश्लिष्ट क़िस्म का सम्बन्ध उनका रहा है। उनके पुरखे उत्तर प्रदेश से गए थे, त्रिनिडाड में नौकरी करने। पर वे कुछ पढ़े-लिखे थे। नायपॉल के पिता की बड़ी अभिलाषा थी कि वे स्वयं लेखक बनें। उसी अभिलाषा को लेकर नायपॉल ने अपनी पहली किताब 'ए हाउस ऑफ़ मिस्टर बिस्वास' लिखी थी, अपने पिता के चरित्र को ही लेकर। तो उनकी बड़ी इच्छा थी कि अपने पुरखों की ज़मीन देखने जाएँ। लेकिन जब वे पहली बार आए तो देखकर उन्हें शॉक-सा लगा, निराशा हुई कि जिस देश के लिए ऐसा लगाव था मन में, वहाँ इतनी

अकर्मण्यता, निष्क्रियता, आलस्य, गन्दगी...। (उनकी किताब) 'एन एरिया ऑफ़ डार्कनेस' में हताशा भी है, कटुता भी, आक्रोश भी और वे इस देश को देखकर बड़े विभ्रान्त-से हुए। उनका जीवन बीता था अधिकांश इंग्लैंड या त्रिनिडाड में और दोनों ही देशों में एक तरीक़े के व्यवस्थित जीवन को उन्होंने देखा था। यहाँ तो उनको बिलकुल अराजकता-सी दिखाई दी। बार-बार उन्हें लगता रहा कि रेल की पटरियों पर बैठे लोग पाखाना करते हैं, उन्हें यह बात त्रस्त करती थी। पता नहीं, इसे लेकर कितनी बार उन्होंने ऑब्सेशन के तौर पर लिखा कि यहाँ तो कोई शर्म भी नहीं है। इसके लिए बहुत हद तक उन्होंने गांधीजी को दोषी ठहराया कि अगर इस देश का औद्योगिक विकास होता तो इस तरह की गन्दगी और निष्क्रियता नहीं आ पाती। इनके पीछे कोई औद्योगिक कारण हो सकते हैं, दो सौ वर्षों की ग़ुलामी के आधार पर (भी) यह ग़रीबी हो सकती है, इसके बारे में उन्होंने कभी ध्यान नहीं दिया। मैंने जब पहले 'एरिया ऑफ़ डार्कनेस' पढ़ी तो मैं प्रभावित भी हुआ, बहुत कुछ उनकी भावनाओं से मैं सहमत भी था। दूसरी तरफ़ निराशा भी हुई कि उन्होंने ऊपर की चीज़ें तो देखीं, मगर जो भारतीय संस्कृति की अन्तरात्मा है, वह कहीं दिखाई नहीं देती। तब मैंने लिखा भी था कि चेकोस्लोवाकिया में हमारे ड्राइक्लीनर के यहाँ से कपड़ों पर एक चेतावनी लिखी आती थी कि 'कुछ कपड़ों के दाग़ ऐसे होते हैं, उन्हें हम साफ़ इसलिए नहीं कर पाते कि उसे साफ़ करने में कपड़े का टेक्सचर भी धुल जाएगा।' इसी तरह संस्कृति में हम एक को देखें, दूसरे को न देख पाएँ तो यह एक अधूरी, एकांगी दृष्टि उस सभ्यता के बारे में होगी। लेकिन बाद में मुझे बड़ा प्रीतिकर आश्चर्य हुआ जब नायपॉल ने दुबारा आने पर ज़्यादा गम्भीरता से इस सभ्यता, समाज का अध्ययन किया। यह संयोग नहीं था कि उनकी दूसरी पुस्तक का नाम ही था, 'इंडिया : ए वूंडेड सिविलाइज़ेशन'। इस तरह भारत से उनका रिश्ता बहुत कुछ प्रेम और

निरासक्ति का मिला-जुला प्रभाव वाला रहा। नोबेल पुरस्कार मिलने के बाद भी उन्होंने कहा कि मेरी किताबें चालीस साल पहले यहाँ बहुत कम लोग समझ पाते थे।

लेकिन समझनेवाले लोग तो थे। शिक्षित आबादी की संख्या को देखते हुए तब तो ज़्यादा विद्वान और प्रतिष्ठित लोग होते थे?

हाँ, लोग तो थे ही। कई लोगों ने उसे एप्रिशिएट भी किया था। लेकिन पिछले तीस वर्षों में नायपॉल में ख़ुद बहुत बड़ा परिवर्तन आया है। उनकी अन्तिम किताब जो भारत पर है, 'इंडिया : ए मिलियन म्यूटिनीज़', उसमें तो उन्होंने भारतीय समाज में सृजनात्मक प्रवृत्तियों की बहुत ही प्रशंसा की है। वे लिखते हैं कि मुझे बड़ी हैरानी हुई कि यह एक बड़ी वाइब्रेटिंग सिविलाइज़ेशन हो गई है। पहले जो लोग बड़े हताश दिखाई देते थे, अब तो बहुत उत्साहित, बहुत सक्रिय जान पड़ते हैं। (अतः) भारत में तो परिवर्तन हुए ही हैं, स्वयं नायपॉल की दृष्टि में भी काफ़ी परिवर्तन हुआ है।

अन्तरराष्ट्रीय लेखकों को आप काफ़ी पढ़ते रहे हैं, कई से आपका निजी सम्पर्क भी रहा है। हिन्दी में ऐसे कौन लेखक थे या हैं जिन्हें नोबेल पुरस्कार मिल सकता था?

यह एक कठिन प्रश्न है। हिन्दी में कई ऐसे लेखक, कवि हुए हैं, जिनकी प्रतिभा के बारे में मेरा बहुत गहरा आदर है। लेकिन मुझे हमेशा सन्देह होता है कि जिन विषयों को उन्होंने अपनी कविता के लिए चुना है, जैसे निराला या प्रसाद ने—क्या वह यूरोपीय मनीषा तक सम्प्रेषणीय हो पाने में समर्थ हैं? प्रश्न केवल अनुवादों का नहीं। समस्या इतनी आसान नहीं कि अच्छे अनुवादों से ही एक देश या संस्कृति का साहित्य आसानी से सुगम्य हो जाता है। क्योंकि हमारे देश का सांस्कृतिक सन्दर्भ,

हमारे अतीत के सम्बन्ध, प्रतीक वे इतने अलग हैं कि अच्छे अनुवाद में भी पश्चिमी लोगों को सुगम हो सकेंगे—मुझे सन्देह है। निराला की 'राम की शक्ति-पूजा' या 'तुलसीदास' कितनी ही सशक्त कविताएँ क्यों न हों लेकिन एक यूरोपियन के लिए वह फिर भी बहुत ही अजनबी क़िस्म की कविताएँ होंगी। उसमें जिस यूनिवर्सल तत्त्व की वे खोज करते हैं, वह उन लोगों को तो मिल सकती हैं जो इतने संवेदनशील हों कि इन कविताओं के विषय से एक मानवीय सन्देश खोज सकें। यह बड़ी मुश्किल चीज़ है। हमें यह समझना चाहिए कि लैटिन अमेरिका के लेखक चाहे यूरोपीय लेखकों से कितने ही अलग क्यों न हों, रूसी लेखक यूरोपियन लेखकों से कितने ही भिन्न क्यों न हों, लेकिन उनमें कई चीज़ें बड़ी समान हैं। भाषा अलग-अलग होते हुए भी धार्मिक संकेत और सन्दर्भ एक ही क्रिश्चियनिटी से जुड़े हैं। यह बड़ी महत्त्वपूर्ण चीज़ है। दूसरी उनकी ऐतिहासिक पृष्ठभूमि। लैटिन अमेरिका के स्पेनिश लेखक भी स्पेन की भाव-भूमि को ही अपना आधार बनाते हैं, क्योंकि लैटिन अमेरिका की पुरानी संस्कृतियाँ तो बिलकुल ही नष्ट हो गईं।

क्या यह कहा जाए कि उन रचनाओं को यूरोपीय लोग अधिक समझ पाते हैं, इसलिए उसका मूल्यांकन करते हैं?

बिलकुल यही बात है। भारत का सोचने का समूचा मानसिक और आध्यात्मिक ढाँचा ही यूरोपियन ढाँचे से बिलकुल अलग है और इसलिए अनुवाद के सहारे से सम्प्रेषित कर पाना आसान नहीं। केवल भाषा का प्रश्न नहीं है। समूची संस्कृति की धरोहर, संकेत, स्मृति-संकेत, जिसे अंग्रेज़ी में आर्कीटाइपल—जो एक मानसिक और आध्यात्मिक चिह्न होते हैं, उन्हें आप बहुत मुश्किल से दूसरी सभ्यताओं तक पहुँचा पाते हैं। टैगोर की कविताएँ, उनके गीत मैं समझ सकता हूँ, चाहे मेरी भाषा बंगाली नहीं है। एक मराठी भी उसे समझ सकता है, क्योंकि बंगाली, मराठी या तेलगू

में सांस्कृतिक सन्दर्भ बहुत कुछ एक जैसे हैं। हमारा इतिहास एक है, महाकाव्य एक जैसे हैं...लेकिन यूरोपियनों के लिए तो यह बिलकुल अजनबी चीज़ें बन जाती हैं।

आज तकनीक की इतनी प्रगति, इंटरनेट क्रान्ति और अर्थव्यवस्था का भूमंडलीकरण आदि के मद्देनज़र बहुत लोग सन्देह करते हैं कि साहित्य और कला के पारम्परिक रूप बचे भी रहेंगे या नहीं?

आँधी आती है तो वही पेड़ सबसे पहले टूटते हैं जिनकी जड़ें कमज़ोर होती हैं। यदि आपको अपनी धरती, अपनी जड़ों, अपने मूल स्वभाव में ही सन्देह है तो फिर ग्लोबलाइज़ेशन हो या न हो, आप देर-सबेर बहुत बचे नहीं रहेंगे। पिछले अनेक वर्षों से बिना ग्लोबलाइज़ेशन के भी हम विदेशी चिन्तन, विदेशी दर्शन, विदेशी शासन की दासता स्वीकार करते रहे हैं। गांधीजी ने चिन्ता भी प्रकट की थी कि देश आज़ाद भी हो जाए लेकिन यदि हम विचारों के क्षेत्र में स्वाधीन नहीं हैं तो हम पराधीन ही रहेंगे।

लेकिन साहित्य के पारम्परिक रूप : कहानी, कविता आदि ये इस नई तकनीकी जीवन-पद्धति, मनोरंजन और सूचना के विविध इलेक्ट्रॉनिक उपकरणों के जीवन पर छा जाने से क्या बचे रहेंगे?

मैं समझता हूँ कि लिखे हुए शब्द में जो शक्ति है, इस तरह के इलेक्ट्रॉनिक माध्यम कभी भी उसे ख़त्म नहीं कर सकते। क्योंकि हम लिखे शब्द से जो बोध, आनन्द, अनुभूति, मन्थन, आत्मचिन्तन का अवकाश पा लेते हैं, वह कभी भी हमें इंस्टेंट इंटरटेनमेंट या इनफ़ॉर्मेशन से प्राप्त नहीं हो सकता। आज हम सूचनाओं को कितनी जल्दी प्राप्त कर लेते हैं। मनुष्य के बारे में आज हम इतना जानते हैं कि शायद ही कभी पिछले युग में जानते होंगे। लेकिन क्या मनुष्य-मनुष्य के भीतर एक-दूसरे के लिए अधिक समझ, अधिक सहानुभूति उत्पन्न हो सकी है?

क्या कारण है कि और अधिक दूरी और वैमनस्य, अधिक सन्देह, शंकाएँ उत्पन्न हो गई हैं? साहित्य और धर्म के आधार पर ही हम मनुष्य की प्रकृति की इस जटिलता को समझ सकते हैं। यह समझना ही मनुष्य के किसी के निकट आने में सहज महसूस होना है। लेकिन इससे अलग केवल सूचनाओं के आधार पर एक कॉस्मोपोलिटन मनुष्य की छवि खड़ी कर दें तो वह कृत्रिम और बेजान मूर्ति होगी। कविता या उपन्यास से हमें मनुष्य के अन्त:जीवन और अन्त:कथा के बारे में सत्य मिलते हैं। इसके अर्थ मनुष्य के जीवन में कभी समाप्त नहीं होते। साहित्य के, संगीत के बिना एक गहरी शून्यता मनुष्य हमेशा महसूस करता रहेगा। इस शून्यता को भरने के लिए यदि साहित्य नहीं होगा, तो वह ड्रग्स के पीछे भागेगा, शराबख़ोरी में डूबेगा, आत्मनिषेध और आत्मसंहार की क्रियाओं की शरण में जाएगा। सत्य के प्रति जानने का व्यसन जब तक जीवित रहेगा, तब तक मैं समझता हूँ कि लिखे हुए शब्द की गरिमा कभी भी नष्ट नहीं होगी।

पत्र-पत्रिकाओं में आप अपनी किसी नई रचना, उपन्यास की आलोचना पढ़ते हैं तो कैसा महसूस होता है?

हमारे साहित्य में दुर्भाग्य से आलोचना और पुस्तक के बीच में इतना गहरा अन्तराल आ गया है कि जब मैं अपनी पुस्तकों की आलोचना पढ़ता हूँ तो लगता है, किसी दूसरे की आलोचना पढ़ रहा हूँ। न तो उसमें अपनी पुस्तक के सन्दर्भ समझ में आते हैं, न ही यह लगता है कि आलोचक उसके भीतरी ढाँचे के फ़ार्म को समझ पाने में समर्थ हुआ है। आलोचक एक दर्ज़ी की तरह एक सामान्य कसौटी से हर रचना को नाप लेता है। इसलिए मुझे अपनी आलोचना पढ़कर किसी तरह का न तो कष्ट होता है—क्योंकि कष्ट तभी होता है जब आपको अपनी सच्ची और प्रखर आलोचना सुनने में आती है।

जब लगता है कि आलोचक सचमुच आपकी पुस्तक को समझ पाया है और ख़ुद उसकी कसौटी पर रचना की कमज़ोरियों को आँक पाने में सफल हुआ है। दुर्भाग्यवश ऐसा बहुत ही कम होता है। अच्छे आलोचक हमेशा रहे हैं, लेकिन वे इतने कम हैं कि उससे कुछ पुस्तकों का आकलन तो हो जाता है, पर अच्छी आलोचना केवल कुछ पुस्तकों का आकलन करना ही नहीं। अच्छी आलोचना से जीवन्त साहित्य का जो परिवेश बनता है, पढ़ने की संस्कृति का जो वातावरण तैयार होता है, एक क्रिटिकल फ़ैकल्टी हमें यह विवेक देती है कि किस तरह से हम अच्छे, सशक्त साहित्य को दुर्बल और निष्प्राण साहित्य से अलग करने की क्षमता प्राप्त कर सकते हैं—यह विवेक यदि आलोचना हमें नहीं प्रदान करती, उलटे यदि इस पर पर्दा डालती है, ख़ास कर राजनीतिक पूर्वग्रहों से जो आलोचनाएँ की जाती हैं, उससे तो पता ही नहीं चलता कि एक कलाकृति श्रेष्ठ है या नहीं। उससे यह तो ज़रूर पता चलता है कि यह किस बारे में है, लेकिन उसमें कलाकृति की शक्ति और सामर्थ्य के बारे में कुछ पता नहीं चलता। हमें अभी एक बहुत लम्बा रास्ता पार करना पड़ेगा अपनी आलोचना में सच्चा ओज और उसे स्वावलम्बी बनाने के लिए ताकि वह साहित्य का आलोक-स्तम्भ बन सके।

अक्सर रचना की आलोचना लेखक की आलोचना का रूप ले लेती है हमारे यहाँ। न केवल लिखित आलोचना बल्कि गोष्ठियों, विचार-विमर्श आदि में भी यह प्राय: लेखक के व्यक्तित्व, जीवन-शैली आदि की व्यक्तिगत आलोचना में तब्दील हो जाती है। आख़िर हिन्दी में ही इतना अधिक यह क्यों देखा जाता है?

इसका सीधा-सा कारण तो मुझे लगता है कि हमारे विश्वविद्यालयों में अभी तक यह सिखाया ही नहीं गया कि पुस्तक के साथ पाठक कैसे

एक स्वायत्त रिश्ता बना सके। पुस्तक अपने में एक स्वायत्त कलाकृति है, उसे लिखनेवाला सेकेंडरी चीज़ है। आप कोई पुस्तक पढ़ते हैं, ज़ाहिर है, उसे किसी व्यक्ति ने लिखा है। लेकिन ज़रूरी नहीं कि आप उस व्यक्ति के जीवन के बारे में जानते ही हों। फिर वह किन सामाजिक प्रभावों के बीच लिखी गई, लिखनेवाले का जीवन कैसा था, जहाँ इन बातों पर ध्यान दिया जाता है तो रचना का महत्त्व कम होता है। उसकी कलात्मक गरिमा सामने नहीं आ पाती। यह हमारे आलोचकों की उतनी नहीं, जितनी शिक्षा-पद्धति की बुनियादी कमज़ोरी है। पिछले चालीस वर्षों से हमने पाठकों-पुस्तकों के बीच रिश्ते को काफ़ी कलुषित बनाकर रख दिया है। लिखे हुए शब्द के प्रति हमारा सम्बन्ध कैसा होना चाहिए—यह केवल हम कॉलेजों, विश्वविद्यालयों में ही सीख सकते हैं। शब्दों के क्या संस्कार होते हैं, उनका क्या अतीत होता है, भाषा से कैसे एक जाति का व्यक्तित्व बनता है और उस व्यक्तित्व के आधार पर एक रचना जन्म लेती है—इन सारे संश्लिष्ट रिश्तों पर प्रकाश न डाला जाए, तब तक हमारे लिए रचना के साथ रिश्ता बहुत ही इकहरा और उथला ही रहेगा।

नये लेखकों के लिए आपकी सीख क्या है? एक बार आपने कहा था कि अब विषय तो बहुत बढ़ गए हैं लेकिन किसी विषय पर लिखने के लिए लेखक को उपयुक्त, बिलकुल सटीक फ़ॉर्म खोजना चाहिए। यहाँ तक कि उसे लगे कि जो उसे लिखना था, वह इसके अलावा किसी और फ़ार्म में नहीं लिखा जा सकता था। मगर लेखक यह फ़ार्म कैसे ढूँढ़े? क्या वह इसे सीख सकता है या यह नैसर्गिक होती है?

मेरे ख़याल में यह कुछ नैसर्गिक होती है, कुछ आत्मसंघर्ष से आती है और कुछ अभ्यास की देन होती है। साहित्य का सत्य कभी भी दर्शन, धर्म या

समाजशास्त्र के ग्रंथ की तरह किसी निष्कर्ष के रूप में प्रकट नहीं होता। वह लिखने की प्रक्रिया में धीरे-धीरे आकार लेता है। तब पता चलता है कि किस शिल्प, किस विधान के भीतर यह सबसे जीवन्त रूप में प्रस्तुत किया जा सकता है।

आप शुरू से ही यह सोचें कि यह सत्य आपने पा लिया है, जिसे प्रकट करने का यह फ़ार्म है तो आप कभी भी अच्छे लेखक नहीं बन सकेंगे। लिखते हुए ही या जिस समय आपके मन में एक सत्य की अनुभूति हुई तो वह अनुभव ख़ुद अपना फ़ार्म लेकर आपको बताता है कि मैं इसी रूप में आकार ले सकता हूँ। उस अनुभव की आवाज़ सुन पाना कि किस आकार में अपने सत्य की खनक हम तक पहुँचा सकता है—इसके लिए बहुत गहरी साहित्यिक समझ, सूझ-बूझ की ज़रूरत है। यह कोई ऐसी चीज़ नहीं कि आपने कोई दवा बना ली और किसी भी बोतल में रख दिया। यह बनाते-बनाते ही बोतल भी तैयार होती जाती है जिसमें इसको रखा जाएगा। यह कुछ ऐसा ही है, जैसे मकड़ी जाला बनाती है और इस बनाने की क्रिया में ही उसको मालूम होता है कि मुझे एक मक्खी को कैसे भीतर लाना है। लिखने की प्रक्रिया में ही सत्य के आभास को पाना, और फिर उस अनुभव का साक्षात् करना—ये सारी प्रक्रियाएँ इतनी अन्तर्गुम्फित हैं कि एक को दूसरे से अलग करना असम्भव है।

आपके नवीनतम उपन्यास 'अन्तिम अरण्य' में कई छोटे-छोटे, मगर प्रभावशाली पात्र थे। ननकू, पोस्टमैन हीरालाल, राधा, बंसीधर आदि। किसी दिन एक बुज़ुर्ग रिश्तेदार के आने पर चौकीदार की झोंपड़ी में रात की बैठक, खाने-पीने, हँसी, बातचीत का बेहद जीवन्त वर्णन है। किसी ऐसे ही पात्र को केन्द्र में रखकर सम्पूर्ण उपन्यास लिखने का कभी आपका मन नहीं होता?

मुझे ख़ुशी है कि मेरी रचनाओं के आनुषंगिक पात्रों पर, उनके चरित्र पर आपका ध्यान गया। मगर यह मेरे मन में आने की बात नहीं है। मन में तभी आता है जबकि आप इन पात्रों की अनुभव-भूमि को पूरी तरह आत्मसात् कर पाएँ। मैं इन पात्रों के जीवन की केवल झलकियाँ ही दे पाता हूँ, क्योंकि झलकियों में ही मैंने इनको अपने व्यक्तिगत जीवन में पाया भी, देखा और अनुभव भी किया है। उनका जीवन मेरा अपना जीवन नहीं रहा है। जब आप किसी उपन्यास की कथा में पात्र को चुनते हैं तो चुनाव के पीछे बहुत कुछ अपने अनुभवों, अनुभूतियों के तारतम्य की भूमिका भी रहती है। शेक्सपियर के नाटकों में भी कुछ पात्र ऐसे हैं जो हमें बार-बार हांट करते हैं, छोटे पात्र जो बड़ी महत्त्वपूर्ण भूमिका निभाते हैं। मेरे लिए इन हाशिए के पात्रों का महत्त्व बहुत गहरा रहा है। उन्हें मैंने नज़दीक से देखा है। लेकिन दुर्भाग्यवश उनके जीवन की जटिलताएँ, ग्रंथियाँ, व्यथाएँ मैं केवल दूर से ही देख पाया हूँ। यह मेरे अपने अनुभूति-तंत्र का भाग नहीं बन पाए। जैसा कि मध्यवर्ग के लोगों की अनुभूतियाँ, वेदनाएँ, अनुभव मेरे अनुभव का भाग बन पाए।

तो क्या लेखकों को उन्हीं पात्रों, स्थितियों पर लिखने की कोशिश करनी चाहिए जिन्हें वह बहुत अच्छी तरह, बहुत दूर तक महसूस करते हों, समझ सकते हों?

यह तो निर्विवाद सत्य है। मैं रेणु के उपन्यासों को बहुत पसन्द कर सकता हूँ, लेकिन उनके पात्रों का सृजन करने की कल्पना कर ही नहीं सकता। रेणु का जीवन, परिवेश, ग्राम्य-अनुभव, लोकसंगीत—यह सब उनके इतने निजी अनुभव की सम्पदा है कि एक कृति के रूप में उनका रसास्वादन तो मैं कर सकता हूँ, लेकिन इस तरह के उपन्यास रचने की बात सोच भी नहीं सकता।

पिछले दस-पन्द्रह वर्षों में जिस तरह अंग्रेज़ी का वर्चस्व बढ़ा है, छोटी-छोटी जगहों में अंग्रेज़ी माध्यम के स्कूल फैलते गए हैं, उनमें बच्चों को पढ़ाने की ललक बढ़ी है—फिर कम्प्यूटर, अन्तरराष्ट्रीय बाज़ार का विस्तार—यह सब देखते हुए ऐसा लगता है कि हिन्दी के पूरे भारत की सामान्य भाषा बनने की सम्भावना ख़त्म हो रही है?

यदि हिन्दी के भारत की राष्ट्रभाषा बनने की सम्भावना हमारे जीवनकाल में कम दिखाई देती है तो इसलिए नहीं कि अंग्रेज़ी का वर्चस्व बढ़ गया है; बल्कि इसलिए कि हमने स्वयं हिन्दी को उसके केन्द्रीय स्थान से थोड़ा अलग कर दिया है। हमें ख़ुद ही अपनी भाषा पर इतना विश्वास नहीं रहा कि हमारे सर्वांगीण जीवन के अनुभव को हमारी भाषा व्यक्त कर पाने में समर्थ है। अंग्रेज़ी का वर्चस्व उतना नहीं, जितना उसकी उपयोगिता। लोग इसे नौकरियों में आने के लिए, इस या उस फ़ायदे के लिए सीखते हैं। लेकिन उनकी अनुभूति और अन्त:जीवन के क्षेत्र में अंग्रेज़ी अभी भी बहुत दूर है। अंग्रेज़ी का प्रयोग नुक़सानदेह तभी हो सकता है जब वह एक व्यावहारिक उपयोगिता से ऊपर उठकर हमारे चिन्तन और अनुभूति के क्षेत्र में प्रवेश करने लगता है।

पर भारत में विचार-विमर्श, गोष्ठी-सेमिनार, समाज विज्ञान की पुस्तकें, शोधपत्र, पत्र-पत्रिकाएँ आदि अधिकाधिक अंग्रेज़ी में होती जा रही हैं। एक तरह से सम्पूर्ण भारत की बौद्धिक भाषा अंग्रेज़ी हो गई है। इस परिदृश्य पर आपको भविष्य कैसा जान पड़ता है?

हमें अधिक सशंकित नहीं होना चाहिए। अपनी-अपनी भाषाओं में हमें चिन्तन-क्षेत्र को विस्तृत और परिष्कृत ज़रूर करना चाहिए।

दर्शन या समाजशास्त्र की पुस्तकें उसकी सभी सूक्ष्मताओं के साथ हिन्दी में लिखी जा सकती हैं। यह अभिशाप होगा यदि हम अपनी चिन्तन-पद्धति पर अंग्रेज़ी के आधिपत्य को आने दें। क्योंकि तब हम धीरे-धीरे अपने जातिगत अनुभवों की सत्यता को झुठलाकर एक ऐसी भाषा के अनुभव स्वीकार करने लगेंगे जो वह अपने साथ लाती है। भाषा से केवल हम शब्दों को नहीं सीखते, धीरे-धीरे उस भाषा का संसार भी अपने भीतर समाहित करने लगते हैं। और यह बहुत ख़तरनाक चीज़ है। इसकी ओर कुमारस्वामी ने बहुत गहरा संकेत किया था कि हमारे शास्त्रों का अंग्रेज़ी अनुवाद इतने ग़लत ढंग से किया गया है कि यदि हम उनको सही अर्थों में समझना चाहते हैं तो उन अनूदित चीज़ों को बिलकुल अस्वीकार करना होगा। हमारी ज्ञानानुभूति के जितने शाब्दिक प्रत्यय हैं, उनको अंग्रेज़ी अपने में समाहित नहीं कर पाती। इन केन्द्रीय प्रत्ययों के बारे में उनके अनुवादों से लोगों के मन में ग़लत निष्कर्ष आते हैं।

आपको भविष्य कैसा दीखता है? क्या हम लोग हिन्दी में गम्भीर विचार-विमर्श चलाने की ओर बढ़ेंगे? हिन्दी लेखकों, विद्वानों, पत्रकारों, प्रकाशकों के परिवारों में अनेक ऐसे उदाहरण हैं कि पिछली पीढ़ी हिन्दी का प्रतिष्ठित नाम या संस्थान थी, जबकि उसी की नई पीढ़ी मैनेजमेंट, कंसल्टेंट, अंग्रेज़ी प्रकाशन आदि की ओर उन्मुख होकर अंग्रेज़ी को प्राप्त हो गई।

यह हम पर निर्भर करेगा कि हम अपनी शिक्षा-पद्धति में क्या परिवर्तन करते हैं कि सब क्षेत्रों में अध्ययन को अपनी भाषा में सुलभ करा सकें और यह असम्भव नहीं है। चीनी, जापानी अपनी भाषा में ही साहित्य की तरह समाजशास्त्रीय, दार्शनिक और अन्य अनुशासनों के भीतर सोचने की क्षमता रखते हैं। जब ये सभ्यताएँ अपनी भाषा को इतना परिष्कृत बना सकती हैं तो फिर हम क्यों नहीं कर सकते?

इससे मैं न निराश हूँ, न बहुत आशावान। केवल एक सम्भावना के रूप में यह कह रहा हूँ।

हिन्दी साहित्य जगत् में ख़ास कर आज़ादी के बाद विचारधारा का, मुख्यत: मार्क्सवादी विचारधारा का बड़ा दबदबा रहा है। जो इसके समर्थक नहीं थे, वे भी इसे आदर देते थे। लेकिन सोवियत विघटन ने उसकी निरर्थकता सिद्ध कर दी। करोड़ों निर्दोष लोग और अरबों की सम्पत्ति खोकर रूस 1991 में वहीं था, जहाँ 80 साल पहले खड़ा था। अब पीछे देखकर यह नहीं लगता कि विचारधारा ने साहित्य का भारी नुक़सान किया? स्वयं साहित्य का दर्जा घटाकर देखने की प्रवृत्ति पैदा की?

यह तो ज़ाहिर है। जहाँ विचारधारा का वर्चस्व स्वीकार किया जाता है, वहाँ साहित्य दूसरे दर्जे की भूमिका निभाने के लिए बाध्य होता है। दु:ख की बात है कि अन्य भारतीय भाषाओं के मुक़ाबले हिन्दी के साथ यह दुर्भाग्य गहरा रहा। यह विडम्बना है कि साम्यवादी दल उत्तरी भारत में कमज़ोर रहे हैं, लेकिन साहित्य के क्षेत्र में उन्होंने अपने आतंक, अपने विषैले आतंक को सबसे अधिक यहीं फैलाया है। यह एक तरह का बैक्टीरियल आक्रमण था जिसे सूँघने के बाद हम साहित्य को ही एक ग़लत अन्दाज़ में देखने लग जाते हैं। इसका कारण अर्द्धशिक्षित समाज का होना भी है। अर्द्धशिक्षित समुदाय यह सोचता है कि मैं गँवार न समझा जाऊँ, लोग मुझे मूर्ख या अर्द्धशिक्षित न समझें, इसके लिए मैं मार्क्स को पढ़कर एक शॉर्टकट अपना सकता हूँ। इससे दो फ़ायदे होते हैं। एक तो आप बिना पढ़े हुए ही शिक्षित होने का भ्रम दे सकते हैं। दूसरे, आप अपने भीतर के खोखलेपन को बहुत अच्छी तरह और आसानी से ढक सकते हैं। उन बातों से जो न आपने पढ़ी हैं, न ही जिन्हें आपने हृदयंगम किया है। मैं समझता हूँ, हिन्दी समाज में ज्यों-ज्यों हमारा

उजड्डपन, अशिक्षा, आत्महीनता, हमारा हीन भाव कम होता जाएगा, उसी अनुपात में साहित्य की गरिमा, प्रतिष्ठा, स्वायत्तता बढ़ती जाएगी और विचारधारा की जगह विचारों का महत्त्व साहित्य में बढ़ेगा। जहाँ विचार और साहित्य एक-दूसरे का पोषण करते हैं, वहीं विचारधारा विष की तरह उसे खोखला करती है।

रेणु और बेनीपुरी समाजवादी आन्दोलन में सक्रिय रहे थे। अज्ञेय ने भी कुछ दिन जयप्रकाश नारायण के साथ काम किया था। इन लोगों ने अपना समय बर्बाद तो नहीं किया था?

नहीं, रेणु ने दिखाया है कि कैसे एक विचारधारा में आसक्ति होते हुए भी उसके पतन, उसकी दरिद्रता, आदर्शों को पूरा न कर पाने के विक्षोभ को मार्मिकता के साथ रखा जा सकता है। यह दिखाता है कि सच्चा लेखक विचारधारा का ग़ुलाम नहीं होता। बल्कि वह जीवन के विराट क्षेत्र में विचारधारा का उत्थान-पतन, किस तरह मनुष्य के जीवन में यह ज्वार-भाटे की तरह आता है, उसके जीवन को बदलता है, यह विश्वसनीयता के साथ दर्ज कर पाता है। अज्ञेय में यह बात दुर्भाग्यवश उतनी नहीं थी। 'नदी के द्वीप' में जो कम्यूनिस्ट चरित्र है, वह सबसे अधिक निराश करनेवाला लगता है। अज्ञेय उस तरह की निर्वैयक्तिक तटस्थता और कलात्मक निस्संगता नहीं बरत पाए, जैसे रेणु अपने उपन्यासों में बरत पाए हैं।

मार्क्सवाद की विफलता के बाद भी प्रगतिशील, जनवादी, अतिजनवादी लेखक संघों के लोग उन्हीं मुहावरों को दुहरा रहे हैं। अब राजनीतिकों से लेकर आम मतदाता तक उसकी असलियत जान चुके हैं तो यह पढ़े-लिखे हिन्दी लेखक-आलोचक उससे चिपके हुए हैं। क्या यह विचारधारा के बिना जी ही नहीं सकते?

मेरे ख़याल से प्रश्न के दो पक्ष हैं। जो इन संस्थाओं के नेता हैं, जिन्होंने लेखन पर सब आस्था छोड़ दी है, उनका काम-धन्धा अब इन संस्थाओं को चलाना ही रह गया है। एक तरह का व्यवसाय। कोई इंडस्ट्री चलाता है, उसे मुनाफ़ा मिलता है, इनको सरकारों से कुछ अनुदान वग़ैरह मिलता रहता है। इसका दूसरा पक्ष यह है कि हमारे गाँवों, क़स्बों में लेखक प्राय: अकेला-सा होता है। वह प्राय: निम्न-मध्यवर्ग से आता है। वह लिखता है, पत्रिका में छपता है, पर उसे पता नहीं चलता कि उसकी बिरादरी कौन-सी है। ये संस्थाएँ—क्योंकि कोई और संस्थाएँ नहीं हैं—उसे एक सॉलिडैरिटी का भ्रम देती हैं कि आप हमारे साथ रहिए तो एक वृहत्तर समाज के अंग बन जाएँगे। हम इस बात को नकार नहीं सकते कि किसी संस्था में आकर आप अपने आइसोलेशन का अतिक्रमण कर लेते हैं। दूसरे का स्वार्थ कुछ और हो, उसे न आपकी कविता से मतलब हो, न कहानी से—फिर भी कोई है, यह भरोसा...यह एक कारण है कि स्वार्थ और शक्ति केन्द्रित होने के बावजूद ये संस्थाएँ लोकप्रिय होने लगती हैं।

क्या लेखकों को अपने लिए कुछ नैतिक नियम, कोई कोड ऑफ़ कंडक्ट रखने चाहिए—जीवन जीने और काम करने के?

जो सचमुच लेखन के दायित्व के प्रति ईमानदार है, उसकी गम्भीरता को महसूस करता है, उसे उसी संयम और साधक के रूप में रहना चाहिए, जैसे कोई समाज-सुधारक या संन्यासी रहता है। लिखना बड़े त्याग की अपेक्षा रखता है, एक नियमित, संयमित जीवन लेखक के लिए अतिआवश्यक होता है—यह मेरी अपनी धारणा है। आप चाहें कि जीने का भोग-विलास, ऐश्वर्य भी उठाएँ और लिखने की प्रसिद्धि भी, तो यह असम्भव है। हमारे यहाँ लेखक की बड़ी रोमांटिक, बोहेमियन छवि है। मगर ऐसे लोग कुछ कविताएँ अच्छी लिख लेते हैं,

फिर ख़त्म हो जाते हैं। एक लम्बा, सार्थक, श्रेष्ठ लेखक जीवन बिताने के लिए कुछ नियम-संहिता रखनी ही पड़ेगी। एक वाक्य लिखना, एक कविता या कहानी लिखना, उसके लिए एक अनुभव, उस अनुभव को शब्दों में बाँधने की क्षमता, उसके भीतर विवेक का बराबर सक्रिय रहना—कई तत्त्वों के मिश्रण से एक अच्छी रचना जन्म लेती है। यह सम्भव हो सके, इसके लिए एकान्त, साधना तथा आत्मचिन्तन की ज़रूरत होती है।

वर्तमान समय में भाषा और साहित्य की स्थिति

यह एक सांस्कृतिक विडम्बना ही मानी जाएगी कि स्वतंत्रता-प्राप्ति से पूर्व एक सामान्य हिन्दी-भाषी का अपने साहित्य और उसके लेखक से भावनात्मक सम्बन्ध आज से कहीं अधिक गहरा और अर्थपूर्ण था। हिन्दी भाषा केवल विचारों का माध्यम नहीं, स्वाधीन चेतना का प्रतीक थी और इस अर्थ में हमारे उन समस्त अनुभवों का प्रतिनिधित्व करती थी, जिसे हम व्यापक रूप से भारतीय संस्कृति का नाम देते हैं, यदि हिन्दी की यह भूमिका पिछले वर्षों में धूमिल पड़ गई है, तो इसके कारणों का विश्लेषण करना हमारा प्राथमिक कर्तव्य बन जाता है।

प्राय: कहा जाता है कि भारत के अनेक भाषाओं में विभाजित होने से उसके साहित्य का स्वर और स्वरूप उस रूप में अखंडित समग्रता प्राप्त नहीं कर पाता, जितना हम यूरोपीय देशों के एक-भाषी 'मोनोलिथिक' साहित्यों में देख पाते हैं। मैं इस आरोप को नितान्त सारहीन पाता हूँ।

यह सही है कि भारतीय भाषाओं की विकास-यात्रा एक-दूसरे से काफ़ी भिन्न रही है। मैं आज उनके उतार-चढ़ाव के विभिन्न कारणों में नहीं जाना चाहूँगा। यह स्पष्ट है कि हर भाषा अनेक दिशाओं से प्रभाव ग्रहण करती हुई अपनी पहचान, अपना विशिष्ट चरित्र गढ़ती है, किन्तु कुछ महत्त्वपूर्ण तत्त्व ऐसे भी हैं, जो भारतीय भाषाओं को, उनके वैशिष्ट्य के बावजूद, एक बड़ी सांस्कृतिक अस्मिता में एकसूत्रित भी करते हैं। यह सही है कि कालान्तर से हर भारतीय भाषा को अधिक लचीला, बहुमुखी और समृद्ध बनाने में स्थानीय बोलियों—dilects, उर्दू, फ़ारसी, अंग्रेज़ी भाषाओं की भी महत्त्वपूर्ण देन रही। किन्तु जहाँ तक भारतीय भाषाओं के मूल सांस्कृतिक संस्कारों का प्रश्न है, उन्हें सुगठित करने में संस्कृत का योगदान मेरी दृष्टि से उतना ही केन्द्रीय महत्त्व रखता है, जितना एक समय में लातिन और ग्रीक भाषाओं ने यूरोपीय देशों के जातीय संस्कारों को निर्मित करने में सक्रिय भूमिका अदा की थी। अन्तर यदि था, तो इतना ही कि जब मध्यकाल के समाप्त होने से पूर्व यूरोप में लातिन-ग्रीक भाषाओं के स्रोत सूखने लगे थे, वहाँ चिन्तन, तत्त्वज्ञान और दर्शन के क्षेत्रों में संस्कृत एक जीवन्त माध्यम के रूप में भारतीय भाषा के साहित्य को प्रत्यक्ष या परोक्ष रूप से पोषित करती रही। विभिन्न भाषाओं के भीतर एक ही सांस्कृतिक धारा प्रवहमान होती रही।

यह वह मुख्य कारण है कि भारत में सैकड़ों भाषाएँ और बोलियाँ होते हुए भी उनके परस्पर सम्बन्ध और सौहार्द का स्नेह बन्धन कभी ढीला और कमज़ोर नहीं पड़ा। आचार्य हजारीप्रसाद द्विवेदी ने बहुत संवेदनशील शब्दों में 'अनेक में एक' की इस अद्‌भुत भाषायी परम्परा को रेखांकित करते हुए कहा है :

> हमारे देश ने हज़ारों वर्ष पहले भाषा की समस्या हल कर दी थी। हिमालय से लेकर सेतुबन्ध तक सारे भारतवर्ष में धर्म, दर्शन, विज्ञान, चिकित्सा आदि विषयों की भाषा कुछ सौ वर्ष

> पहले तक एक ही रही है। यह भाषा संस्कृत रही है। भारतवर्ष का जो कुछ श्रेष्ठ है, जो कुछ उत्तम है, वह इस भाषा के भंडार में संचित किया गया है। जितनी दूर तक इतिहास हमें पीछे ठेलकर ले जा सकता है, उतनी दूर तक इस भाषा के सिवा हमारा दूसरा कोई सहारा दिखाई नहीं देता।

यह केवल भावोच्छ्‌वास नहीं है, जब आचार्य आगे चलकर कहते हैं :

> मैं नहीं जानता कि संसार के किसी दूसरे देश में इतने काल तक इतनी दूरी तक व्याप्त इतने उत्तम मस्तिष्क में विचरण करनेवाली कोई भाषा है या नहीं, शायद नहीं है।

यह अकारण नहीं था कि उन्नीसवीं शती के मध्य में जब अंग्रेज़ी शासकों ने भारतीय मानस को औपनिवेशिक ढाँचे में ढालने का बीड़ा उठाया, तो मैकाले के एक सहधर्मी अफ़सर ने कहा था कि भारतीय मस्तिष्क को पश्चिमी संस्कृति में दीक्षित करने के रास्ते में उनके सामने दो बड़े अवरोध—संस्कृत भाषा और ब्राह्मणों का बौद्धिक वर्चस्व है। यह क्या आँखें खोल देनेवाला सत्य नहीं है कि स्वतंत्रता-प्राप्ति के साठ वर्ष बाद आज का भारतीय एलीट वर्ग अपनी 'क्रान्तिकारी' शब्दावली में वही बात दुहरा रहा है, जो दो सौ वर्ष पूर्व स्कूलों के अंग्रेज़ इंस्पेक्टर ने कही थी?

सच तो यह है कि हिन्दी भाषा और साहित्य का विकास इन दो पाटों के बीच हुआ था। एक ओर औपनिवेशिक सत्ता का राष्ट्रविरोधी अभियान, जो 1857 के विद्रोह के बाद अधिक तीव्र और आक्रामक हुआ था, दूसरी ओर भारत की जातीय संस्थाओं, शिक्षा पद्धति और परंपरागत आर्थिक और आध्यात्मिक आधारों का अवसान, जिसके परिणामस्वरूप भारतीय मानस में एक विचित्र प्रकार की शून्यता और क्षोभ का संचार हुआ था। औपनिवेशिक निराशा और विषाद के ये लक्षण और उन्हें नंगी

आँखों से देखने का साहस—दोनों ही तत्त्व हम भारतेन्दु-युग के अनेक लेखकों में देख सकते हैं। हिन्दी भाषा का संघर्ष तेज़ी से जर्जरित होते सांस्कृतिक स्रोतों के बीच अपनी जातीय अस्मिता को प्रतिष्ठित करना था, जिसमें परम्परा के प्रति लगाव उतना ही गहरा था, जितना उसे आधुनिक समय की चुनौतियों का सामना करने के लिए समर्थ बनाने का आग्रह। इसके लिए हिन्दी ने दो रास्तों को चुना, जो ऊपर से परस्पर-विरोधी जान पड़ते थे, किन्तु जो वास्तव में एक-दूसरे के पूरक थे। पहला रास्ता संस्कृति के उन समस्त तत्त्वों को अपने भीतर समाहित करना था, जिसे विदेशी शासन ने एक-एक करके जातीय जीवन से उन्मूलित करने का प्रयास किया था, दूसरा रास्ता अपने को उन रूढ़ियों, बन्धनों और अन्धविश्वासों से मुक्त करवाना था, जो आधुनिक संचेतना को अवरुद्ध करते थे। यह उल्लेखनीय है कि हिन्दी-भाषी प्रदेश में खड़ी बोली के विकास के पीछे जो ऐतिहासिक बाध्यता थी, उसे ये दोनों एक-दूसरे से मिलकर मूर्तिमान करते थे।

हिन्दी साहित्य और खड़ी बोली ने जिस साहस और सूझ-बूझ के साथ इन दो प्रतिरोधी धाराओं को अपने भीतर समन्वित किया, यह कोई आसान काम नहीं था। यह एक तरह से नंगी तलवार पर चलना था। आधुनिक युग के तथाकथित 'सेक्यूलर' तकाजों को पूरा करते हुए भी अपनी धार्मिक और सांस्कृतिक परम्परा को अक्षुण्ण रख पाना, विशेष कर उस कठिन समय में, जब विदेशी शासन सत्ता सभ्यता के अपने पुनीत अभियान में भारतीय मनीषा को उसके 'बर्बर, जंगली संस्कारों' से उबारने के लिए जी-जान से जुटी थी। आज जब 'सभ्यताओं के द्वंद्व' की बात की जाती है, तो अक्सर यह भुला दिया जाता है कि इस द्वंद्व के विषैले लक्षण तो तीन सौ वर्ष पूर्व ही दिखाई देने लगे थे, जब समृद्धि और सफलता के दर्पोन्माद में पश्चिमी सभ्यताओं ने यूरोप के बाहर फैली संस्कृतियों को विध्वंस करना आरम्भ किया था।

भारतीय सभ्यता का प्रभुत्व पश्चिम की आँखों में सबसे अधिक चुनौतीपूर्ण था। इसलिए नहीं कि वह सभ्यता अपने सातत्य में सबसे अधिक दीर्घकालीन और प्राचीन थी, बल्कि इसलिए कि उसने मानव संस्कृति के हर क्षेत्र में—दर्शन, तत्त्व-चिन्तन, आध्यात्मिक और धार्मिक अन्तर्दृष्टियों, न्याय, शासन, शिक्षा और भाषाविज्ञान, विविध कलाओं की साधनाओं, नाट्यशास्त्र आदि में—एक सम्पूर्ण जीवन-दृष्टि का अन्वेषण किया था। स्पष्ट ही यूरोपीय सभ्यता के प्रसार में पाँच हज़ार वर्ष पुरानी भारतीय सभ्यता—ऐतिहासिक चोटों और घावों के बावजूद—सबसे अधिक ख़तरनाक अवरोध उपस्थित करती थी। यह आकस्मिक नहीं था कि भारतीय सभ्यता की इस विपुल और समृद्ध धरोहर ने हिन्दी के बहुमुखी चरित्र को बनाने में ऐसा योगदान दिया था कि वह साहित्य की एक व्यापक, सम्पन्न और स्वावलम्बी भाषा बन सकी।

यहाँ यह जोड़ना अप्रासंगिक नहीं होगा कि हिन्दी ने अपना वर्तमान राष्ट्रीय चरित्र बिना किसी ऐतिहासिक बाधाओं और राजनीतिक तनावों से मुठभेड़ किये बिना अर्जित कर लिया था। इसके पीछे संघर्ष की जटिल भूमिका थी। शिक्षा और ज्ञान की समस्त भारतीय संस्थाओं और स्रोतों को, जो अंग्रेज़ों के भारत आने से पहले भारत के गाँवों और शहरों में मौजूद थीं, किस तरह उत्तरोत्तर नष्ट किया गया, यह हमारे औपनिवेशिक अतीत की दारुण गाथा है, जिसका विशद, विस्तृत विश्लेषण भारतीय इतिहासकार श्री धर्मपाल ने अपनी पुस्तकों में किया है। मद्रास, बंगाल और महाराष्ट्र में गाँवों की सहकारी पाठशालाओं द्वारा संस्कृत और क्षेत्रीय भाषाओं में समस्त वर्गों, वर्णों और सम्प्रदायों के बच्चों को भारतीय ज्ञान-विज्ञान में कैसे दीक्षित किया जाता था, इसका परिचय पहली बार हमें इन पुस्तकों में दिये आँकड़ों से मिलता है। इससे हमें यह भी पता चलता है कि भारत की शिक्षा-पद्धति पर अंग्रेज़ी का आरोपण सिर्फ़ एक भाषायी संकट न हो, समूची सांस्कृतिक परम्परा के संहार की दुर्घटना बनी थी।

हिन्दी भाषायी प्रान्तों में स्थिति और अधिक बदतर थी। विदेशी सत्ता ने अपनी कूटनीति से समूचे जातीय जीवन में प्रयुक्त होनेवाली हिन्दी की खड़ी बोली को शासकीय ढाँचे से अलग कर रखा था। सरकारी कामकाज के लिए अंग्रेज़ी या उर्दू-फ़ारसी का व्यवहार होता था। उर्दू के सहज भारतीय संस्कारों को नष्ट करके उसे फ़ारसी के रंग में ढालने का प्रयास किया जा रहा था। इस तरह के कृत्रिम भाषायी विभाजन ने कालान्तर में साम्प्रदायिक रूप धारण किया जो अन्ततः देश के विभाजन का कारण भी बना। आचार्य रामचन्द्र शुक्ल ने अपने समय में बहुत सावधानी से किसी देश के भाषायी और जातीय अन्तर्सम्बन्धों का विवेचन किया था। उन्हीं के शब्दों में :

> किसी देश के साहित्य का सम्बन्ध उस देश की सांस्कृतिक परम्परा से होता है, अतः साहित्य की भाषा उस संस्कृति का त्याग करके नहीं चल सकती।

इस सन्दर्भ में वह जो आगे कहते हैं, मेरी दृष्टि में वह आज भी उतना ही प्रासंगिक है, जितना उस समय में था, जब शुक्ल जी लिख रहे थे :

> जिस प्रकार हिन्दीपन निकाल-निकालकर एक विदेशी ढाँचे की भाषा खड़ी करने का क्रमबद्ध इतिहास है, उसी तरह हिन्दी को दूर रखने के घोर प्रयत्नों का भी ख़ासा इतिहास है, जो उस समय से शुरू होता है, जब देश का पूरा शासन अंग्रेज़ों के हाथ में आया।

आप देखेंगे, आरम्भ से ही हिन्दी का दायरा कभी इतना संकीर्ण नहीं रहा कि वह केवल एक प्रादेशिक साहित्य का भाषायी माध्यम बनकर अपने को समेट ले। इसका कर्मक्षेत्र इससे कहीं अधिक व्यापक रहा है।

जिन औपनिवेशिक कारणों से उसमें निखार आया, वहाँ उसके लिए यह नैतिक दायित्व बन गया कि वह देश की घोर निराशापूर्ण दरिद्रता को अनदेखा न करके भारतीय मनुष्य के खोए हुए आत्मविश्वास को पुनः जाग्रत कर सके। भारतेन्दु-युग के गद्यकारों—विशेष कर बालमुकुन्द गुप्त, प्रतापनारायण मिश्र, और सबसे अधिक स्वयं भारतेन्दु हरिश्चन्द्र की रचनाओं में इस आत्मविश्वास की उगती हुई नई चमक दिखाई देती है। यह हिन्दी गद्य के उत्थान, ताज़गी और ऊर्जा का ऐसा चरण था, जहाँ भारतीय संस्कृति पर होनेवाले उत्तरोत्तर बढ़ते आक्रमणों का सामना किया गया था। पहली बार खड़ी बोली में रचे हिन्दी साहित्य का स्वायत्त चरित्र उजागर हुआ था। हिन्दी के आत्मबोध की शुरुआत धार्मिक परम्परा और संस्कारों से कटकर पश्चिम की तथाकथित आधुनिकता की नक़ल करने से उत्पन्न नहीं हुई थी, जैसा हम बंगाल नवजागरण के कतिपय बुद्धिजीवियों में देखते हैं। दूसरी तरफ़ इसमें अतीत की अन्धी पूजा भी नहीं थी। दोनों अतियों के बीच हिन्दी की रचनात्मक मेधा एक तीव्र आलोचनात्मक चेतना के भीतर से प्रस्फुटित हुई थी।

किन्तु यहाँ हमें एक बात का ध्यान अवश्य रखना चाहिए। ज़रूरी नहीं, जो भाषाएँ ऐतिहासिक चुनौतियों के उत्तर में एक तरह का सांस्कृतिक दायित्व अपने ऊपर ओढ़ती हैं, उनका सृजनात्मक साहित्य कलात्मक रूप से भी सशक्त हो। इतिहास में किसी जाति के आत्मबोध का क्षण महत्त्वपूर्ण है, किन्तु जन्म लेने के बाद वह तुरन्त ही साहित्यिक रचनाओं में अवतरित नहीं हो जाता। उसके लिए मनुष्य के स्वायत्त व्यक्तित्व का सर्वांगीण विकास अनिवार्य होता है, जिसे बनने में समय लगता है। साहित्य में किसी 'नये' के आगमन की आहट सुनना एक बात है, उसका कविता या कहानी में कलात्मक सौष्ठव के साथ रूपान्तरित होना बिलकुल दूसरी बात है। आज जब हम भारतेन्दु-युग की ऐतिहासिक देन की बात करते हैं, तो उन आत्म-निबन्धों और लेखों की ओर ध्यान अधिक जाता है,

जहाँ हिन्दी गद्य की क्रिटिकल चेतना सीधे बाह्य परिस्थितियों के आघातों को व्यक्त करती थी, जो भारतीय संस्कृति पर हो रहे थे, पर हमें उन अन्दरूनी संश्लिष्ट परिवर्तनों का अधिक पता नहीं चलता, जो स्वयं व्यक्ति के भीतर हो रहे थे—जिससे उसके अनुभूति-जगत् की बदलती हुई बनावट का पता चल सके। यह नहीं कि कला और साहित्य में बाहरी परिस्थितियों का कोई महत्त्व नहीं होता, पर उतना ही, जितना वे अपने माध्यम से मनुष्य के मानस में होनेवाली हलचलों, परिवर्तनों और नये उन्मेषों को उद्भासित कर सकें। अपनी बात को स्पष्ट करने के लिए इक्का-दुक्का उदाहरण देना ही पर्याप्त होगा।

बंगाल के नवजागरण के दिनों में उन्नीसवीं शती के उत्तरार्द्ध में जो धुआँधार सैद्धान्तिक वाद-विवाद हो रहे थे—भारतीय परम्परा और पश्चिमी आधुनिकता के बीच, ब्रह्म समाज के एकेश्वरवाद और धर्म की बहुल दैवी आस्थाओं के बीच—यह एक ऐसी आत्म-मन्थन की सांस्कृतिक वार्ता थी जिनके प्रमुख प्रतिनिधि राजा राममोहन राय, बंकिमचन्द्र, केशवचन्द्र सेन, विवेकानन्द आदि मनीषी साधक थे। उल्लेखनीय बात यह है कि नवजागरण की यह वार्ता सिर्फ़ इतिहास के पन्नों पर एक 'बौद्धिक आन्दोलन' के रूप में अंकित होकर सिमट जाती, यदि उनका पुंजीभूत प्रतिफलन हमें रवीन्द्रनाथ के उपन्यास 'गोरा' में न दिखाई देता। यह उपन्यास कलात्मक रूप से इसलिए उत्कृष्ट नहीं है कि वह सिर्फ़ सैद्धान्तिक बहसों का एक जीवन्त दस्तावेज़ है (जो वह है भी), किन्तु इसलिए है कि वह भारतीय नवजागरण के समस्त अन्तर्विरोधी तत्त्वों के संश्लिष्ट सम्मिश्रण से उत्पन्न भी हुआ है और पूरी समग्रता से अपनी औपन्यासिक संरचना में प्रतिबिम्बित भी करता है। इसी तरह भारतेन्दु-युग के निबन्धात्मक गद्य की व्यंग्यात्मकता और अवसाद अन्ततः प्रेमचन्द की कथाकृतियों में अपने समय का अतिक्रमण करती हुई आज भी हमें इतना उद्वेलित कर पाती हैं। यह बात टॉल्स्टॉय के उपन्यास 'युद्ध और शान्ति'

जैसे एपिक उपन्यास पर और भी अधिक सटीक ढंग से लागू होती है, जो रूस पर नेपोलियन के आक्रमण के पचास वर्ष बाद लिखा गया था, ताकि बीच के अन्तराल में रूसी मानसिकता के भीतर जो उथल-पुथल हुई थी—उन्हें लेकर लेखक अधिक गहरी निस्संग वस्तुपरकता के साथ 'रूसी आत्मा' के मर्म को उद्घाटित कर सके।

इन सब उदाहरणों को देने के पीछे मेरा आशय सिर्फ़ इतना है कि जिन बाहरी परिस्थितियों के संघर्षण से किसी जाति का चरित्र गठन होता है, वे जब तक अपनी पैठ मनुष्य के अनुभूतिक्षेत्र की आन्तरिकता में नहीं कर लेते, तब तक उनका कलात्मक रूप, कविता या उपन्यास में पूरी उत्कटता से प्रकट नहीं हो सकता। इसके साथ यह भी सच है कि एक बार कलात्मक अभिव्यक्ति पा लेने के बाद वह किसी सामाजिक या ऐतिहासिक व्याख्याओं की तुलना में कहीं अधिक गहरी समग्रता के साथ संवेदनशील और बहुआयामी बना देने में समर्थ होता है।

मेरे कहने का मतलब सिर्फ़ इतना है कि भाषा सिर्फ़ विचारों, विश्वासों और सिद्धान्तों को प्रकट करने का माध्यम नहीं होती बल्कि उसमें एक जाति के सांस्कृतिक बिम्ब, ऐतिहासिक स्मृतियों और पारम्परिक संस्कारों के मूल स्वर अनुगुंजित होते हैं। बहुत पहले आनन्दकुमार स्वामी ने पश्चिम के 'ओरिएंटलिस्ट' विद्वानों की व्याख्याओं पर व्यंग्य करते हुए कहा था कि 'उन्होंने भारत की प्राचीन दर्शन, धर्मशास्त्रों और तत्त्व ज्ञान की पुस्तकों के बीज-शब्दों एवं प्रत्ययों के जो अनुवाद किये हैं, वे सिर्फ़ भ्रमों की धुंध पैदा करते हैं। इसका सीधा-सा कारण यह है कि वे इन प्रत्ययों के सांस्कृतिक सन्दर्भ समझने में नितान्त विफल रहे हैं। सच तो यह है कि इन अनुवादों को अस्वीकार करके ही इन ग्रंथों के मूल सत्य को जाना जा सकता है।'

यह उल्लेखनीय है कि भारतीय भाषाओं के जो सांस्कृतिक प्रत्यय यूरोपीय मानस के लिए इतने पराये और भ्रान्तिमूलक हो जाते हैं,

वे ही भारतीय साहित्य को एक समान जातीय सन्दर्भ प्रदान करते हैं। भारतीय साहित्य भले ही भिन्न भाषाओं में रचा जाता हो, उसके रचनात्मक स्रोत वेद, उपनिषदों के आध्यात्मिक प्रत्ययों और 'रामायण', 'महाभारत' जैसे महाकाव्यों में संगृहीत स्मृतियों में ही निहित हैं, जिसके कारण एक भारतीय भाषा में लिखी कविता और कहानी बिना किसी भूल या भ्रान्ति के दूसरी भाषा में इतनी सुगमता से कायाकल्पित हो जाती है। यह तो मैं अपने व्यक्तिगत अनुभव से कह सकता हूँ, कुछ वर्ष पहले 'गोरा' का अंग्रेज़ी अनुवाद पढ़ते हुए मुझे वह उपन्यास बहुत बोझिल और बनावटी जान पड़ा था...। मुझे थोड़ी हैरानी भी हुई थी कि रवि बाबू जैसा लेखक ऐसी कमज़ोर कृति कैसे रच सकता था। किन्तु कुछ अन्तराल के बाद जब सौभाग्य से इसी उपन्यास का हिन्दी अनुवाद पढ़ने को मिला, जो संयोगवश अज्ञेय ने किया था, तो अनायास उस पुस्तक के बारे में न केवल मेरी शंकाएँ दूर हो गईं, बल्कि वह मुझे—जैसा मैं पहले कह चुका हूँ—बंगाल नवजागरण का सबसे सशक्त प्रतिनिधि कला-कृति जान पड़ा, जहाँ पहली बार भारतीय मनुष्य की स्वाधीन चेतना से साक्षात् होता है। ऐसा किस तरह सम्भव हो सका? इसका सीधा-सा उत्तर यह है कि हिन्दी अनुवाद में वे समस्त सांस्कृतिक सन्दर्भ अपनी समूची प्राणवत्ता के साथ अवतरित हुए थे, जैसा उनका प्रयोग बंगला की मूल भाषा में हुआ था। उपन्यास के अंग्रेज़ी अनुवाद में जो बहसें इतनी बोझिल और सूखी जान पड़ती थीं, वही हिन्दी में एक पुरातन सभ्यता के बीच होनेवाले वैचारिक आलोड़न को इतनी जीवन्त नाटकीयता और अर्थवत्ता प्रदान करती थीं।

मैं यहाँ इस बात पर इसलिए भी ज़ोर डालना चाहूँगा कि हिन्दी के वर्तमान साहित्य को—उस पर होनेवाले समस्त पश्चिमी प्रभावों के बावजूद—हज़ारों वर्षों से चले इन सांस्कृतिक सन्दर्भों से काटकर नहीं देखा जा सकता। यही नहीं, मैं कुछ आगे बढ़कर यह भी जोड़ना चाहूँगा कि पश्चिमी साहित्य और संस्कृति का प्रभाव हमारी सृजनात्मक ऊर्जा को

समृद्ध और व्यापक बनाने में उस सीमा तक उपयोगी हो सकते हैं, जिस सीमा तक हमारे साहित्य की धारा अपने परम्परागत स्त्रोतों से अनवरत प्रेरणा-शक्ति अर्जित करती है। यदि आज हमारे आधुनिक हिन्दी साहित्य की अमर कृतियाँ—'गोदान', 'शेखर', 'त्यागपत्र', 'राम की शक्ति-पूजा', 'मैला आँचल', 'अन्धा युग' आदि हमारे भाव-बोध को कहीं इतने गहरे तक आलोड़ित करती हैं, तो इसलिए कि भक्ति काल के कवियों की भाँति उन्होंने हमारे भारतीय मानस के परम्परागत अन्त:सम्बन्धों को एक नये पैटर्न में पुन: संयोजित करने का प्रयास किया, ताकि हम भारतीय मनुष्य की छवि को अधिक व्यापक परिप्रेक्ष्य में देख सकें।

यदि कोई मुझसे पूछे कि भारतीय संस्कृति के मर्म को कौन-सा बीज-शब्द सटीक ढंग से व्यक्त करता है तो मैं नितान्त संशयहीन भाव से उसे 'अन्त:सम्बन्धों की अन्तहीन शृंखला' का नाम दे सकता हूँ। एक ऐसी शृंखला, जिसकी कड़ियाँ एक जैसी रहती हैं, किन्तु उनके आपसी सम्बन्ध हमेशा बदलते रहते हैं। सातत्य के बीच होनेवाले परिवर्तन और परिवर्तनों के बीच अक्षुण्ण रहनेवाला सातत्य। संस्कृति का यह मर्म भारतीय दर्शन, तत्त्वज्ञान और आध्यात्मिक अन्वेषण में तो प्रकट होता ही है, किन्तु साहित्य में उसका सबसे प्रत्यक्ष और प्रमाणित रूप दिखाई देता है। आत्म की अनात्म से जुड़ने की मर्मान्तक आकांक्षा महाकाव्यों में जितनी उत्कटता से उद्घाटित होती है, वही कालान्तर में भक्ति काव्य की गहन अन्तर्दृष्टि और आधुनिक काल की हिन्दी साहित्यिक संचेतना में दिखाई देती है। यदि 'महाभारत' में मनुष्य की नैसर्गिक प्रकृति के अँधेरे-उजाले पक्ष दिखाई देते हैं, तो 'रामायण' में उसकी सामाजिक मर्यादाओं के पारिवारिक अन्तर्विरोध प्रकट होते हैं। स्वभावगत नैसर्गिकता और नैतिक मर्यादाओं को जोड़नेवाली कड़ी 'धर्म' की अवधारणा में अभिव्यक्त होती है, जो परम्परागत नैतिकता और आदिम आकांक्षाओं—दोनों से ऊपर है और दोनों को परिशोधित भी करती है। महत्त्वपूर्ण बात यह है कि भारतीय

समाज में धर्म की यह चालक शक्ति किसी सूत्र, सिद्धान्त या लगे-बँधे फ़ॉर्मूले में नहीं निरूपित की जा सकती...हर स्थिति में उसकी भूमिका एक जैसी नहीं रहती। यह चीज़ जहाँ एक तरफ़ धर्म की अवधारणा को द्विधात्मक (ambiguous) बनाती है, वहाँ उसे खुला छोड़कर बहु-अर्थीयता प्रदान करती है। 'महाभारत' के महाकाव्य की अद्‌भुत कलात्मक शक्ति ख़ास इस बात में निहित है कि किसी कर्म को काले-सफ़ेद, अच्छे-बुरे, उचित-अनुचित के सरलीकृत ढाँचों में नहीं वर्गीकृत किया जा सकता। यहाँ तक कि 'गीता' में कृष्ण का सन्देश बहुत देर तक स्मृति में नहीं रहता, जिसके कारण 'धर्म-संकट' की स्थितियाँ बार-बार दुहराई जाती हैं, जिनका समाधान हर बार नये ढंग से किया जाता है।

धर्म की गरिमा का प्रभुत्व और उसके अर्थों की बहुलता भारतीय साहित्य को एक अद्‌भुत गतिशीलता प्रदान करती है। इससे हमें साहित्य-समय और समय के अन्त:सम्बन्धों का अनूठा सत्य हाथ लगता है। हमें पता चलता है कि 'साहित्यिक समय' अपनी गत्यात्मकता में उससे बहुत भिन्न होता है, जिसे हम 'ऐतिहासिक समय' मानते आए हैं। ऐतिहासिक घटनाएँ समय के प्रवाह में एक बार प्रकट होकर हमेशा के लिए विलुप्त हो जाती हैं; याद भी रहती हैं, तो विगत का अंग बनकर। इसके विपरीत साहित्य के सत्य का समय से सम्बन्ध एक नितान्त दूसरे स्तर पर होता है। साहित्य की उत्कृष्ट रचनाएँ सुदूर अतीत में रची होने के बावजूद मनुष्य के हर 'वर्तमान' में एक नई प्रासंगिकता लेकर पुनर्जन्म लेती हैं; अतीत में जन्म लेने पर भी वह विगत का अतिक्रमण कर लेती हैं और समय का एक ऐसा शाश्वत 'स्पेस' निर्मित करती हैं, जहाँ हर रचना एक-दूसरे की समकालीन होती है, चाहे उसके जन्म का समय और स्थान कभी भी हो, कहीं भी हो। इसका प्रमुख कारण यह है कि साहित्य का आत्यन्तिक सम्बन्ध मनुष्य की आन्तरिक प्रकृति से होता है, न कि उन सामयिक घटनाओं से, जो सतह के ऊपर से गुज़र जाती हैं।

मैं यदि साहित्य के इस सर्वविदित सत्य को दुहराने की ज़रूरत महसूस कर रहा हूँ, तो इतिहास या ऐतिहासिक घटनाओं का महत्त्व कम करना नहीं, बल्कि इसलिए कि भारतीय मनीषा में इतिहास की वह आक्रामक चालक-शक्ति कभी नहीं रही, जैसा हम पश्चिमी संस्कृति में देखते हैं। इतिहास के इस प्रभुत्व के कारण ही मैक्समूलर जैसे 'ओरिएंटलिस्ट' विद्वानों ने भारत के अतीत को उसके वर्तमान से इस तरह विभाजित कर दिया, जैसे इन दोनों के बीच साहित्य और संस्कृति के कोई सम्बन्ध-सूत्र न हों। उनकी दृष्टि में भारत का वर्तमान उसके 'गौरवपूर्ण' अतीत का महज़ एक भ्रष्ट संस्करण मात्र था, जिसका अपना कोई भविष्य नहीं था, सिवा इसके कि वह यूरोपीय साहित्य और संस्कृति में अपने को ढालकर स्वयं को अपने अतीत से हमेशा के लिए मुक्त कर सके। अंग्रेज़ी शासन-तंत्र भारतीय मनीषा में जो फाँक अंकित कर गया था, वह आज एक नासूर की तरह क़ायम है, जिसने उन समस्त स्रोतों को सूखा और बंजर बनाकर छोड़ दिया है, जिनसे एक समय में भारतीय साहित्य और भाषाएँ अपनी ऊर्जा का नवीकरण करती थीं।

आधुनिक हिन्दी साहित्य—इन अवरोधों के बावजूद—यदि निरन्तर अपने को नई परिस्थितियों में ढालने में समर्थ होता रहा, तो इसके दो प्रमुख कारण मुझे दिखाई देते हैं। दोनों अलग-अलग होते हुए भी एक-दूसरे से अन्तर्गुम्फित हैं। हिन्दी साहित्य में खड़ी बोली का एक वयस्क साहित्यिक भाषा के रूप में प्रसार मेरी दृष्टि में एक अभूतपूर्व ऐतिहासिक घटना थी। शायद ही किसी अन्य भारतीय भाषाओं में इस तरह का 'भाषायी मोड़' दिखाई देता है। कौन अनुमान लगा सकता है कि जिस भाषा में आधुनिक हिन्दी कहानी और उपन्यास का जन्म और विकास हुआ, वह मुश्किल से डेढ़ सौ वर्ष से अधिक नहीं है। आधुनिक हिन्दी कविता ब्रजभाषा और अवधी से अपने को मुक्त करके एक नितान्त नये मुहावरे में, नई संवेदनाओं, अनुभवों और आकांक्षाओं को व्यक्त

करने की शक्ति जुटा पाएगी, यह केवल ऐसी भाषा में सम्भव हो सकता था, जिसमें बाह्य प्रभावों को अपने में समाहित करने की क्षमता और लचीलापन दोनों ही हों, और यह चीज़ मुझे उसके विकास के दूसरे कारण की ओर ले जाती है—हिन्दी का अपनी प्रादेशिक सीमाओं से ऊपर उठकर 'भारतीय' होने की सांस्कृतिक अन्त:प्रेरणा, जिसके कारण विदेशी सत्ता के विरुद्ध स्वतंत्रता-संग्राम में सहज रूप से 'राष्ट्रीय भाषा' बनने का गौरव प्राप्त हो सका। यह अकारण नहीं कि उस समय दूसरी भाषाओं के शीर्षस्थ साहित्यकार रवीन्द्रनाथ ठाकुर, सुब्रह्मण्यम भारती आदि अनेक लेखक हिन्दी को राष्ट्रीय अस्मिता और एकता का एक केन्द्रीय प्रतीक मानते आए थे।

आज जब हम हिन्दी साहित्य के वर्तमान और भविष्य पर विचार कर रहे हैं तो हमें भारतीय मानस के इन तत्त्वों को नहीं भुला देना चाहिए जो समय और इतिहास की खूँटी पर न बँधे होकर संस्कृति की इन अन्त:प्रक्रियाओं द्वारा अनुप्राणित होते हैं, जिन्हें युंग जैसे पश्चिम के मनोवैज्ञानिक आदिम या archetypal तत्त्व कहते हैं—ऐसे प्रागैतिहासिक मिथक और प्रतीक, जो एक जाति के अवचेतन में वास करते हैं—एक संस्कृति के कालातीत अवयव, जो हर युग में बाह्य दबावों का सामना करने के लिए अपने को पुनर्गठित कर लेते हैं। पुनर्गठन की इस प्रक्रिया में भाषा और साहित्य का गहरा योगदान रहता है। भाषा में इसकी चिरन्तनता और साहित्य में उसकी गतिशीलता देखी जा सकती है, यह महज़ संयोग नहीं था कि जिस भाषा में सत्य, अहिंसा, आत्म, शून्य, मुक्ति जैसे प्रत्यय इतना केन्द्रीय महत्त्व रखते हैं, वे ही कालान्तर में बुद्ध के निर्वाण-दर्शन, गांधी के सत्य-आग्रह और अहिंसा-प्रेम, श्री अरविन्द की आध्यात्मिक गूढ़ अन्तर्दृष्टि में एक नई धार्मिक, नैतिक और आध्यात्मिक अर्थवत्ता प्राप्त कर लेते हैं। हिन्दी भाषा और साहित्य, इन दोनों ध्रुवों—एक तरफ़ परम्परागत प्रतीकों और मूल्यों का सातत्य और दूसरी तरफ़ परिवर्तनशील

मानवीय संवेदनों की व्यापकता—के बीच अपना विशिष्ट और बहुमुखी पहचान बना सका था।

यह एक ऐतिहासिक विडम्बना ही मानी जाएगी कि स्वतंत्रता आन्दोलन के ज्वार में हिन्दी को जो राष्ट्रीय महत्त्व प्राप्त हुआ था, वह स्वतंत्रता प्राप्त करने के बाद धूमिल पड़ता गया। यह हिन्दी का दुर्भाग्य ही नहीं, समूची भारतीय संस्कृति की त्रासदी थी कि दो सौ वर्षों के दौरान जिस विदेशी सत्ता ने हमारे शिक्षण-अध्ययन और चिन्तन के जिन स्वदेशी स्रोतों को इतनी बर्बरता से नष्ट किया था, उन्हें हमारे जातीय जीवन में पुनर्जीवित करने के लिए कोई प्रयास नहीं किया गया, उलटे हमारी मानसिकता पर राजकीय संस्थाओं और शिक्षा-प्रणाली का आतंककारी प्रभुत्व उत्तरोत्तर बढ़ता गया, जो एक समय में विदेशी राज्य-सत्ता की प्रशासनिक सुविधाओं के लिए निर्मित की गई थी, स्वाधीन भारत में पराधीन संस्कृति का यह एक अनुपम उदाहरण था। आधुनिकता के उन्माद के बावजूद हमारे सार्वजनिक जीवन में जो शून्यता, दरिद्रता और दिशाहीनता दिखाई देती है, उसके कारण खोज पाना मुश्किल नहीं है।

एक प्राचीन सभ्यता की प्राणवत्ता उसके सांस्कृतिक प्रतीकों और जीवनदायी आस्थाओं में संचारित होती है, जो एक समय में हमारे चिन्तन, सृजन और दैनिक व्यावहारिक जीवन को एक अर्थवत्ता प्रदान करते थे; जब उनकी जीवन्त समग्रता खंडित होकर छोटे-छोटे टुकड़ों में बँट जाती है, तो परम्परागत संस्कारों के कारण उनकी नामलेवा पूजा तो होती है, किन्तु समाज को उससे किसी तरह की सृजनात्मक प्रेरणा अथवा आत्मनिर्भरता की आश्वस्ति प्राप्त नहीं होती। हम अपने ही देश में आत्मनिर्वासित प्राणियों की तरह जीने के लिए अभिशप्त हो जाते हैं। पिछले वर्षों में हमारे जीवन की नैतिक-मर्यादाओं और चिन्तन-अध्ययन के स्रोतों पर जिस तरह अंग्रेज़ी भाषा और शिक्षा का वर्चस्व बढ़ा है,

वह इसका स्वयं सटीक प्रमाण है। हजारीप्रसाद द्विवेदी ने बहुत अवसाद भरे शब्दों में हमारी सांस्कृतिक दुर्दशा का वर्णन किया है :

> अंग्रेज़ी भाषा ने संस्कृत का सर्वाधिकार छीन लिया है। आज भारतीय विद्याओं की जैसी विवेचना और विचार अंग्रेज़ी भाषा में है, उसकी आधी चर्चा का भी दावा कोई भारतीय भाषा नहीं कर सकती। यह हमारी सबसे बड़ी पराजय है। राजनीतिक सत्ता के छिन जाने से हम उतने नतमस्तक नहीं हैं, जितने अपने विचार की, तर्क की, दर्शन की, अध्यात्म की अपनी सर्वस्व भाषा छिन जाने से अन्तरराष्ट्रीय क्षेत्र में हम अपनी ही विद्या को अपनी बोली में न कह सकने के उपहासास्पद अपराधी हैं। यह लज्जा हमारी जातीय है।

जिसे द्विवेदी जी ने 'उपहासास्पद अपराध' कहा है, उसके लिए मेरी दृष्टि में भारतीय सम्भ्रान्त शिक्षित वर्ग सबसे अधिक जवाबदेह रहा है। एक तरफ़ इस वर्ग को शिक्षा और ज्ञान अर्जित करने की समस्त सुविधाएँ प्राप्त हैं, दूसरी ओर वह उन सब कर्तव्यों और दायित्वों के प्रति उदासीन है, जो एक बुद्धिजीवी वर्ग अपने समाज में सम्पन्न करता है। अपनी और साहित्य की जिन जड़ों से उसके संस्कार पोषित होते हैं, वह धीरे-धीरे उनसे कटता जाता है और एक कृत्रिम परिवेश में रहने लगता है, 'आत्म-ज्ञान रहित ज्ञान' का बंजर मरुस्थल, जहाँ आत्मचेतना के विस्तार की कोई सम्भावना नहीं। इसका दुष्परिणाम हमारे सामने है—हमारे हिन्दी-भाषी समाज में, जिसका गद्य भारतेन्दु-युग में एक खुली और गहरी आलोचनात्मक मेधा से सम्पन्न था, आज वहाँ एक ख़ाली और छद्म क्रान्तिकारी रेह्टरिक के अलावा किसी तरह की वयस्क और विवेकपूर्ण चेतना नहीं दिखाई देती। हिन्दी साहित्य की रचनात्मक संवेदनाएँ अपने में इतना समृद्ध होने पर भी केवल एक छोटे वर्ग तक सीमित रह गई हैं। हिन्दी भाषायी समाज की लोकचेतना का विस्तार

और परिष्कार करने में उनकी भूमिका नगण्य जान पड़ती है। क्या हम इन दोनों के बीच फैले अन्तराल को पाटकर एक व्यापक सांस्कृतिक चेतना में संयोजित कर पाने में सफल हो पाएँगे?—आनेवाले समय में हमारे सामने यही सबसे बड़ी चुनौती है।

[हिन्दी साहित्य सम्मेलन के 56वें पुणे अधिवेशन के सभापति का भाषण।]

'रिव्यू' लिखने से मेरे लेखन की शुरुआत हुई

साधना भट्ट : आपने अपने जीवन का ज़्यादातर वक़्त महानगरों में बिताया है। दिल्ली को अपने सृजन की भूमि बनाए रखने के पीछे क्या वजहें हैं?

निर्मल वर्मा : मेरी ननिहाल चाँदनी चौक के नीम का कटरा इलाक़े में थी, जहाँ की हवेलियों में अपेक्षाकृत अधिक खुली जगह होती थी। इलाक़े की सँकरी गलियों में ज़रूर बाहरी लोगों को परेशानी होती थी और वे उन तंग गलियों में अक्सर भटक जाते थे। शिमला से मैं पढ़ने के लिए दिल्ली पहुँचा और लेखन की शुरुआत दिल्ली से होने पर मैं इस शहर से और बँध गया। मेरे मन-मस्तिष्क में यहाँ की अनेक दर्शनीय छवियाँ और भुला न सकनेवाली यादें हैं। पहले दिल्ली आज की तुलना में बहुत शान्त और हरियाली से भरपूर हुआ करती थी। शाम को बजनेवाला

अंग्रेज़ों का रॉयल बैंड हम बच्चों को तो लुभाता ही था, बड़े-बूढ़े भी उसे देखने-सुनने को दौड़ते नज़र आते थे। गर्मी के दिनों में कुल्फ़ी वाले की पुकार सुनकर बच्चे गलियों में निकल भागते। पुरानी दिल्ली के रहवासियों को तब दो चीज़ें ख़ूब पसन्द थीं, एक मिठाई और दूसरा ताँगा। घंटाघर के पास कबूतरों को दाना चुगाने का लुत्फ़ भी लोग-बाग घंटों उठाते थे। पराधीन भारत में चाँदनी चौक, दिल्ली का मुख्य केन्द्र था। दिल्ली के अतीत को दर्शाता चाँदनी चौक विभिन्न क्षेत्रों से जुड़े ऐसे लोगों का समृद्ध जमावड़ा था, जो अपनी-अपनी संस्कृति को बड़ी सहृदयता से एक-दूसरे में बाँटते थे। आपसी मेल-मिलाप से बनी जीवन-शैली, आचार-विचार, चरित्र बेमिसाल थे। पर, आज़ादी के बाद भारी तादाद में शरणार्थियों के आने से दिल्ली का व्यक्तित्व तेज़ी से परिवर्तित होता चला गया। इसके बावजूद अभी भी दिल्ली में ऐसे रोमांटिक स्थलों की कमी नहीं है, जहाँ कोई भी अपनी शामें सुहावनी कर सकता है। यूँ मुझे 'अतीतवाली दिल्ली' ज़्यादा लुभाती है, फिर भी मैं इस शहर को सीमित या कई रूपों में देखने के पक्ष में नहीं हूँ, क्योंकि यह कई दिल्लियों से मिलकर बनी है। आसपास के दूसरे शहरों के हिस्से भी दिल्ली में मिलते गए हैं। पुरानी दिल्ली, कश्मीरी गेट जैसे कुछ इलाक़े अपनी अस्मिता को बचाने में काफ़ी हद तक सफल रहे, पर बाराखम्भा रोड, रायसीना जैसी शान्त और मंडी हाउस जैसे ख़ूबसूरत इलाक़े बिलकुल बदल गए। कुछ दशकों तक लोगों की दिलचस्पी कनॉट प्लेस तक केन्द्रित रही, पर बाद में अपने-अपने क्षेत्रों में सिमट गई। दिल्ली के विकेन्द्रीकरण का सबूत 'इंडिया इंटरनेशनल सेंटर' के उदय को माना जा सकता है। ज़हरीली गैसों के प्रदूषण, शोर-शराबे और भीड़ से परेशान इस शहर में मंडी हाउस, बाराखम्भा रोड, कनॉट प्लेस जैसे स्थल कइयों के लिए लगभग निषिद्ध कहे जाने लगे। शोर-शराबे से भरे साम्राज्य में लोगों के पास मानवीय रिश्तों की गुनगुनाहट को सुनने की फ़ुरसत भी नहीं रही।

यही नहीं, दिल्ली के कलाकारों, लेखकों-बुद्धिजीवियों में मिल-बैठने की आदत भी लुप्त होती गई। यदि आज वे मिल भी रहे हैं तो गुटबाज़ी, स्वार्थ की पूर्ति या किसी की टाँगें खींचने के लिए ही। इन सबके बावजूद मेरे लिए दिल्ली उन पुराने रिश्तेदारों और दोस्तों की तरह है, जिनसे लड़ने-झगड़ने, मतभेद होने के बावजूद सम्बन्ध नहीं टूटते।

साधना भट्ट : लेखन की शुरुआत किस तरह हुई?

निर्मल वर्मा : रोज़गार पाने की कोशिशों के दरमियान मुझे 'हिन्दुस्तान टाइम्स' में हिन्दी की समकालीन पुस्तकों पर 'रिव्यू' लिखने का मौक़ा मिला। इससे पूर्व अंग्रेज़ी के अख़बार 'स्टेट्समैन' में हिन्दी की कुछ प्रतिनिधि पुस्तकों की समीक्षाएँ भी मैं लिख चुका था। बाद में विदेश में रहते समय भी मैंने इन अख़बारों में 'डिस्पैच' भेजना ज़ारी रखा। कई वैचारिक निबन्ध भी अंग्रेज़ी में ही लिखे। पहली बार श्रीनगर गया तो डल झील में हाउस बोट की छत पर बैठे कुछ-न-कुछ लिखने की ऊर्जा मुझमें उपजी। पढ़ाई और यात्राओं के दौरान अंग्रेज़ी में ज़रूर कुछ कविताएँ लिखीं, जिन्हें बाद में मैं 'कविता' की श्रेणी में नहीं रखता हूँ, क्योंकि उन अनगढ़ कविताओं का रूप बहुत कुछ गद्यांश जैसा था। उनमें प्राकृतिक सौन्दर्य, युवावस्था की कुछ स्वप्नदर्शी आकांक्षाएँ, मन की कच्ची अनुभूतियाँ थीं। मैंने बहुत बाद में कहानियाँ और उपन्यास लिखना शुरू किया तो मूल रूप में हिन्दी में ही लिखा, क्योंकि मुझे लगा कि अपनी भाषा में ही अनुभूतियों, भावनाओं को अधिक गहराई से उभारा जा सकता है। संवेदना के स्तर पर मुझे जिन चीज़ों ने प्रभावित किया, उनमें पुराना घर, पुराने दोस्त, गर्मी की लम्बी दोपहर, देखी गई कुछ फ़िल्में, संगीत का कोई टुकड़ा, सुने हुए कुछ पुराने रिकॉर्ड, गाते हुए मल्लिकार्जुन मंसूर को देखना, लियोनार्दो, रैम्ब्रा की कुछ पेंटिंग्स, मन पर छपी कविता की कुछ पंक्तियाँ, कई किताबें, चेख़ॅव, कुप्रिन,

कारेल चापेक, नाबोकोव की कुछ कहानियाँ, प्रूस्त, वर्जीनिया वुल्फ़ के कुछ उपन्यास, कुछ आदमी, प्राग का पतझड़, लन्दन में गुज़ारे बेरोज़गारी के दिन, कुछ यात्राएँ, पहली बार कश्मीर में गुज़ारीं कुछ सुबह, दोस्त आदि हैं।

साधना भट्ट : यदि आप लेखक न बनते तो क्या होते?

निर्मल वर्मा : पारिवारिक पृष्ठभूमि और संस्कारों के कारण मेरा झुकाव शुरू से ही पढ़ने के प्रति रहा। मझले भाई रामकुमार चित्रकारी के साथ लेखन भी किया करते थे। घर में नियमित आनेवाली पत्र-पत्रिकाओं के साथ प्रेमचन्द, जैनेन्द्र, सुदर्शन आदि के अलावा चेख़ॅव, गोर्की, टॉल्स्टॉय आदि विदेशी रचनाकारों की अनूदित कृतियाँ थीं, जिन्हें पढ़कर शब्दों से मेरा गहरा रिश्ता बनता चला गया। मुझे आज भी जंगल, जानवरों-पंछियों और परियों की कहानियाँ लुभाती हैं। राजा-रानियों और परियों की कथाओं में 'बहुत ज़माने की बात है' या 'किसी जंगल में परियों की शहज़ादी आई थी।' पंक्ति पढ़ते ही मुझमें आज भी उत्तेजना और जिज्ञासा के भाव फूट पड़ते हैं। अख़बारों के बाल पृष्ठ को सबसे पहले पढ़ने की आदत मुझमें अभी भी है। यूँ बचपन में मैं किसी नौसैनिकों के समुद्री जहाज़ का कैप्टन बनने का स्वप्न देखा करता था। थोड़ा बड़ा होने पर पर्वत-पहाड़ों से घिरे किसी ख़ूबसूरत गाँव में छोटे-से स्कूल का टीचर बनने का ख़याल आने लगा। बाद में चेकोस्लोवाकिया के प्रॉग शहर में पुरानी किताबों की दुकान को देखकर उसमें नौकरी कर लेने के विचार आते। कई वर्षों लिख चुकने पर भी मुझे लेखक बनने की हिम्मत कभी नहीं हुई। यही वजह रही कि बाद में मैंने लन्दन के बेरोज़गारी भरे त्रासद दिनों में वहाँ के कुछ पुस्तकालयों में असिस्टेंट लाइब्रेरियन बनने की कोशिश की थी।

साधना भट्ट : युवावस्था में आप वामपंथ की ओर कैसे झुके और कुछ ही अरसे में उससे मोहभंग की स्थिति क्यों खड़ी हो गई?

निर्मल वर्मा : सेंट स्टीफेंस कॉलेज में पढ़ते वक़्त मार्क्सवाद ने मुझे प्रभावित किया और मैं कम्यूनिस्ट पार्टी का सक्रिय सदस्य भी बना। वामपंथी रचनाओं को पढ़ने से मुझमें आम आदमी से जुड़े साहित्य के प्रति आस्था गहराती गई। भारत को ज़मींदारी, शोषण, छुआछूत, जाति-वर्ग, सम्प्रदाय भेद तथा कई दूसरी असमानताओं और विसंगतियों ने जकड़ रखा है। मार्क्सवाद या वामपंथ इन्हीं सारी बुराइयों-असमानताओं की ख़िलाफ़त करता है। पर कुछ अरसे में मुझे यह भारतीय सन्दर्भों में अस्वाभाविक लगने लगा, क्योंकि वामपंथी इन सारी विसंगतियों के पीछे मुख्यतः आर्थिक असमानता को दोषी मानते हैं, जबकि भारत की असमानताओं, विसंगतियों के कई दूसरे सामाजिक कारण भी हैं। लेखन करने पर स्वतंत्र चिन्तन और चेतना द्वारा मुझे भारतीय समाज के हर पहलुओं पर ग़ौर करने की ज़रूरत महसूस हुई और मैंने महसूस किया कि भारतीय समाज को समझने के लिए किस दूसरे रास्ते की ज़रूरत है। यूँ हमारे देश में कोई एक विचारधारा, सिद्धान्त या वाद को पूर्ण और उपयुक्त नहीं माना जा सकता। गांधी, लोहिया या जयप्रकाश नारायण जैसे महान विचार-पुरुष हमारी प्रेरणा के आधार तो बन सकते हैं, पर उनमें से कोई हमें बना-बनाया मार्ग नहीं दे सकते, क्योंकि व्यक्ति, समाज को ख़ुद ही रास्ते बनाने पड़ते हैं।

साधना भट्ट : विचारों के अतिक्रमण और खेमेबाज़ी के सम्बन्ध में आपके विचार क्या हैं?

निर्मल वर्मा : मेरे विचार से यदि कोई लेखक विचारों के लोकतंत्र में किसी ख़ास वर्ग, वाद या मत की तानाशाही के घेरे में आ जाता है तो वह अपने यथार्थ को बेहद विपन्न बना देता है। दूसरे की अधीनता में

सत्य के अनेक पहलुओं और यथार्थ की अनेक परतों को देख पाने की उसकी क्षमता घटती जाती है। यह स्थिति बेहद घातक होती है, क्योंकि एक लेखक की ज़िम्मेदारी सिर्फ़ यह देखना है कि सत्य की परिणति कहाँ होती है और अन्तिम परिणति तक के सफ़र में उसे थकना और हिचकिचाना नहीं चाहिए। भले ही उसके अपने प्रिय विश्वासों, आस्थाओं का खंडन-टूटन हो जाए। हर लेखक की अपनी दृष्टि, अपने विश्वास होते हैं, पर ज़रूरी नहीं कि उसकी दृष्टि, उसके विश्वास किसी धर्म, राजनीति या अन्य किसी संस्था अथवा व्यक्ति की मर्यादाओं के भीतर समाहित या उनके द्वारा निर्देशित, परिभाषित और विश्लेषित की जाए। उसका विश्वास तो रचना के भीतर ही अभिव्यक्त होना चाहिए। वैसे हमें उन विवशताओं के बारे में भी गम्भीरता से सोचना चाहिए, जिसके कारण कोई लेखक अपने विश्वासों को मुखरता से व्यक्त नहीं कर पाता।

साधना भट्ट : समाज के प्रति एक लेखक की ज़िम्मेदारियाँ क्या हैं और क्या भारतीय लेखक उसका निर्वहन कर पाता है?

निर्मल वर्मा : मेरा तो हमेशा यही विचार रहा है कि भारतीय लेखक यदि आज अपना सत्य अधिक सहिष्णुता और स्वतंत्र परिवेश में रख रहा है तो उसका श्रेय फिरंगी शासकों द्वारा छोड़ी पाश्चात्य लोकतंत्र नहीं, बल्कि हमारी अपनी सांस्कृतिक परम्परा है, जो इतिहास के थपेड़ों द्वारा कुंठित, गँदली और जर्जर अवश्य हुई है, किन्तु वह इतनी मन्द और मलीन नहीं हुई कि लेखक, कलाकार के इस मौलिक अधिकार को लूट सके, जिसके सहारे वह सत्य को सत्य और झूठ को झूठ कहता है। भारत अपनी ग़रीबी, राजनीतिक सनकीपन और प्रशासनिक अराजकता के बावजूद अब तक अपने भीतर एक ऐसी लोक-भूमि सँभाले है, जहाँ एक लेखक की कल्पना आज भी अपेक्षाकृत मुक्त भाव से सत्य और भ्रम, माया और यथार्थ, सनातन परम्परा और इतिहास की छायाओं के

बीच विचर सकती है। दुर्भाग्यवश इस परिवेश को दरकिनार कर पश्चिमी शिक्षा से लैस भारतीय बुद्धिजीवी वर्ग ने सच और झूठ के विवेक को खो दिया है। खरे और ईमानदार भारतीय लेखक का असली विरोध इसी छद्म बुद्धिजीवियों से होना चाहिए। भारत के सिवाय शायद ही ऐसा कोई देश हो, जहाँ शताब्दियों से असंख्य मिथक कथाएँ, स्वप्न, बिम्ब, देवी-देवता एक साथ रहने की भरपूर जगह पाते हों। पाश्चात्य शिक्षा, भाषा, विचारों को अपनानेवाले भारतीय बुद्धिजीवी देश की इस मिथक परम्परा के प्रति हिकारत की नज़र से तो देखता ही है, वह भारतीय समाज की मूल मर्यादाओं को भी नष्ट करने की इच्छा रखता है। यूरोप और भारत में साम्यवाद की असफलता ने इस वर्ग को कोई सीख नहीं दी। लेखक की ज़िम्मेवारी यही बनती है कि वह अपने परिवेश को सुरक्षित रख सके, अपने अतीत को पुनर्जीवित कर सके, क्योंकि स्वयं के परिवेश के बग़ैर कोई महान रचना नहीं रची जा सकती। भारतीय लेखकों के सामने वे दानवी शक्तियाँ हैं, जो आधुनिकता और प्रगति के नाम पर देश के समूचे सांस्कृतिक परिवेश को दूषित करने, नष्ट करने में लिप्त हैं, जो शताब्दियों से हमारी चेतना की परतों तले मौजूद हैं। मैं उन बुद्धिजीवियों को घातक मानता हूँ, जो विषम परिस्थितियों में तटस्थ रहने का ढोंग रचते हैं। लेखक, बुद्धिजीवी, चिन्तक होने के नाते विषमताओं-विसंगतियों, कुरीतियों-कुनीतियों के ख़िलाफ़ खुलकर खड़ा होना चाहिए। उन्हें पत्रकारों की तरह किसी भी समस्या का तात्कालिक कारण न ढूँढ़ते हुए किसी घटना या समस्या की गहराई में जाकर उसके विभिन्न पहलुओं को उद्घाटित करने की ज़िम्मेदारी निभानी चाहिए।

[निर्मल वर्मा से साधना भट्ट की बातचीत के अंश,
'लोकमत समाचार', 4 अप्रैल, 2004]

कहानी मेरे लिए धुँधली अनुभूतियों के प्रदेश को शब्दों के आलोक में देखना है

फ़रवरी की उस खिली धूप वाली ख़ूबसूरत सुबह के सीमान्त पर मैं अचक-पचक चलता निर्मल वर्मा जी का आवास तलाश रहा था। किसी की उपस्थिति के आभास ने मुझे चौंकाया। पीछे मुड़कर देखा तो निर्मल जी सामने थे। मेरी निगाहों की भटकन उन्होंने शायद अन्दर से भाँप ली थी और तरस खाकर या प्रसन्न होकर शोध्य जैसे स्वयं शोधक के क़रीब आ पहुँचा था। सकपकाया-सा मैं जब तक प्रणाम-निवेदन करता, उनके जुड़े हाथों और निजत्व की मिठास में लिपटी उनके होंठों से बाहर आई नमस्ते ने मुझे और विनम्र बना दिया था। प्रवेश-द्वार के बाईं ओर की दीवार पर

बनी-गढ़ी कुछ आकृतियाँ—देव आकृतियाँ दिखीं, दाईं ओर ज़मीन पर रखा बड़ा-सा पानी भरा मिट्टी का एक पात्र—कूंडा दिखाई दिया। मुझे लगा कि निर्मल जी की बौद्धिकता और संवेदनशीलता से ज़रूर इनका कुछ-न-कुछ नाता होना चाहिए।

वे मेरे पास सोफ़े की कुर्सी पर सन्नद्ध, तत्पर मुद्रा में बैठ चुके थे। अपने शहर और पेशे से जुड़े छोटे-छोटे सवालों के कुछ बैरियर्स, चेक-पोस्ट्स मुझे पार करने पड़े थे। गगनजी ने पानी लाकर दिया तो परिचय कराया गया—अलीगढ़ से आए हैं...वहाँ पढ़ाते हैं। झिझकते हुए मैंने शुरुआत की। उस क्षण विशेष के बारे में जानना चाहा जिसने उन्हें लेखन की ओर मोड़ा। ग़ौर से सुना। प्रश्न पूरा हुआ कि तुरन्त बोलना शुरू—तेज़-तेज़, धारा-प्रवाह! जैसे न कुछ सोचना पड़ रहा है, न श्रम करना पड़ रहा है। पर हाँ, उससे पहले यह अवश्य हुआ कि उनकी पलकें दरवाज़ों के पटों की तरह चुप-चुप एक-दूसरे के क़रीब आईं और सट गईं... आकाश की तरफ़ मुँह किये, उड़ने को उत्सुक-सी उनकी दोनों हथेलियाँ हवा में अपना आसमान फैला चुकी थीं और ऊपर को उठी उनकी उँगलियाँ जैसे हिल-हिल कर बता रही थीं कि हम अब उड़े कि अब उड़े। ढंग से सुनने के लिए उधर से ध्यान हटाना पड़ा :

ऐसा तो कोई फ़ैसला मैंने नहीं किया था कि लेखकीय पेशे के रूप में इसे ज़ारी रखूँगा। यह ज़रूर था कि बचपन में किताबों का परिवेश था। भाई रामकुमार जी पहले से लिखते ही थे। अधकचरी, कच्ची क़िस्म की कहानी कॉलेज-काल में मैंने लिखी। पहली कहानी तब लिखी जब मैं सेंट स्टीफंस कॉलेज, दिल्ली में विद्यार्थी था। नहीं, उसका नाम अब याद नहीं। समकालीन हिन्दी लेखकों में रुचि थी। तब दिल्ली में नरेश मेहता,

मनोहर श्याम जोशी, श्रीकान्त वर्मा मेरे दोस्त थे, उन्हीं का साथ रहता था। नरेशजी ने 'कृति' शुरू की तो उसमें सहयोग किया। उसके लिए लेख और कहानियाँ लिखीं। सबसे पहली कहानी 'कल्पना' (हैदराबाद) में छपी—'रिश्ते'। उस सबके कारण लिखने की तरफ़ झुकाव हो गया। ठंडे-ठंडे, धीमे-धीमे बैठकर सोचा हो, ऐसा नहीं था। और कोई काम न था—न बिजनेस, न नौकरी—इसलिए लिखना और पढ़ना जीवन को काटने का धन्धा बन गया।

नहीं, ऐसा नहीं था, मेरी माँ या पिता ने यह आग्रह नहीं किया कि मैं नौकरी करूँ। उन्हें आर्थिक कठिनाई नहीं थी और उन्होंने मुझे कुछ भी करने या न करने की खुली छूट दे रखी थी। पार्टीशन के बाद करोलबाग़ में जहाँ हम रहते थे, वहीं मैं पढ़ता भी था। एक प्राइवेट कॉलेज में पढ़ाकर अपना जेब-ख़र्च निकाल लेता था। हिस्ट्री मेरा विषय था, सो हिस्ट्री और पॉलिटिकल साइंस पढ़ाता था वहाँ। उन्हीं दिनों 'हिन्दुस्तान टाइम्स' और कुछ अन्य अंग्रेज़ी अख़बार चाहते थे कि मैं उनमें हिन्दी पर लिखूँ। अच्छा मानदेय देते थे। कई हिन्दी पुस्तकों की अंग्रेज़ी में समीक्षाएँ लिखी थीं तब। लेकिन मेरा मुख्य काम कम्यूनिस्ट पार्टी में था। तब मैं पार्टी का सदस्य था। पचास-इक्यावन से तिरपन-चौवन तक काफ़ी समय पार्टी के कार्यों में ही बीता था। शुरुआती वर्षों में काफ़ी कुछ लिखा, पर सब बिना योजना के लिखा। फिर उन्नीस सौ सत्तावन में राज्यसभा में अनुवादक का काम मिल गया। पहली सुचारु नौकरी—दस से पाँच काम लगा। स्नेही, मित्र बन गए। राज्यसभा में जो डिबेट होती थी, मैं उनका हिन्दी अनुवाद करता था। उनसठ में चेकोस्लोवाकिया गया। ओरिएंटल इंस्टिट्यूट ने आमंत्रित किया था। तब वहाँ चेक सीखने, समकालीन चेक लेखकों के लेखन का अनुवाद करने का मुझे मौक़ा मिला। वहाँ आठ वर्ष रहकर कई चेक लेखकों—मिलान कुन्देरा, इवान क्लीना, बासलाम, हर्बिल आदि, की रचनाओं का हिन्दी

में अनुवाद किया। वहीं मेरा पहला उपन्यास, 'वे दिन' जो चेक पृष्ठभूमि पर था—आया।...नहीं, वह लिखा यहीं था दिल्ली में। तब दो साल की छुट्टी पर आया था मैं दिल्ली। चेकोस्लोवाकिया जाने से पहले 'परिन्दे' प्रकाशित हो चुका था। कम्यूनिस्ट पार्टी के 'पब्लिशिंग हाउस' ने उसे छापा था। हाँ, 'परिन्दे' अट्ठावन में आ गया था। तो इस तरह आप देखें, मेरे लेखक और अनुवादक की ज़िन्दगी एक साथ शुरू होती है।

'परिन्दे' के ज़िक्र ने अगले प्रश्न की भूमिका बना दी थी। 'नई कहानी' आन्दोलन से उनके जुड़ाव, 'परिन्दे' को उस आन्दोलन की प्रथम रचना घोषित किये जाने और उस आन्दोलन की पृष्ठभूमि, भूमिका व प्रदेय के बारे में तब मैंने निर्मल जी से कुछ सवाल पूछे थे। लगा कि उन्हें अच्छी तरह मालूम है कि किस सवाल पर क्या और कितना कहना है, कब रुककर अगला सवाल पूछे जाने के लिए अनकहे कहा जाना है। उस आन्दोलन से अपने जुड़ाव को याद करते हुए वे बोले :

किसी एक घटना या क्षण के बारे में कहना तो मुश्किल है। जब आप किसी आन्दोलन के प्रवाह में होते हैं, तब पता नहीं चलता कि आप उसका हिस्सा हैं। बाद में इतिहासकार या आलोचक सिद्ध करते हैं कि आन्दोलन था या उसमें जो भी रहा हो। यह सोचकर मुझे उन्नीसवीं शताब्दी के एक फ्रेंच उपन्यास—'ब्लैक एंड व्हाइट'—का ख़याल आ जाता है। उसका एक पात्र वाटरलू के मैदान में घूमता चला आता है और अचानक देखता है कि वहाँ फ्रेंच और अंग्रेज़ी सेनाओं के बीच भिड़न्त हो रही है। उसे नहीं मालूम कि वह एक ऐतिहासिक घटना से गुज़र रहा है। बाद में जब लोग उसे बताते हैं तो उसे लगता है, ऐसा कुछ था! मेरी हालत उस दौरान कुछ वैसी ही थी, बाद में पता चला कि मैं 'नई कहानी' आन्दोलन में शामिल था। उन दिनों साहित्य का केन्द्र दिल्ली नहीं था।

'नई कहानी' के बड़े लेखक इलाहाबाद में रहते थे। वे पत्रिकाएँ जिनकी उस आन्दोलन में प्रमुख भूमिका रही, वहीं से निकल रही थीं। 'नई कहानी' के लेखकों से मेरा ख़ास मिलना-जुलना भी नहीं होता था। मेरी मित्र-मंडली कवियों की थी—नरेश मेहता, रघुवीर सहाय, मनोहर श्याम जोशी...। विरोधाभास ही जान पड़ता है यह कि मेरा मित्र-मंडल कवियों का ही अधिक था, कहानीकारों का नहीं। छप्पन-सत्तावन में 'कल्चरल फोरम' नाम से एक संस्था बनी थी जिसमें सांस्कृतिक कार्यक्रम हुआ करते थे। उस संगठन को चलाने में देवेन्द्र इस्सर ने मुख्य भूमिका निभाई थी। कृष्णबलदेव वैद, भीष्म साहनी, जोशी आदि सब लोग उसमें आया करते। मैं भी वहाँ कहानियाँ सुनाता था, सुनता था। ख़ूब बहस होती उस फोरम में। नई कहानी की जो मुख्यधारा मानी जाती थी, फोरम के लोग तब थोड़ा उससे अलग थे, पर बाद में तो सभी एक ही आन्दोलन के सदस्य माने गए।

कहानी के भीतर स्फूर्तिदायक, ताज़गी भरे अनुभवों को लाना इसका सबसे बड़ा योगदान रहा है। शैली और भाषा में भी एक तरह की ऐसी संवेदनशीलता आई जो पहले मौजूद नहीं थी। स्वतंत्रता के बाद मध्यवर्गीय परिवारों में जो विघटन हुआ, एक तरह की सुरक्षित ज़िन्दगी छिन्न-भिन्न होने लगी...उससे जो पीड़ा, उखड़ापन या टिपीकल विषाद दिखाई दिया, पिता-पुत्र के बीच का द्वंद्व, स्वतंत्र हो रही स्त्री, स्त्री-पुरुष सम्बन्धों में प्रथम बार हो रहे परिवर्तन, गाँवों से उन्मूलित होकर शहरों में आ रहे लोगों के मन का अकेलापन, असुरक्षा...मूलभूत परिवर्तन होने की आशा के मोहभंग की वेदना-व्यथा आदि...इन सब समस्याओं को कथ्यात्मक घेरे में लाने का काफ़ी सार्थक, सफल प्रयास किया था 'नई कहानी' ने। हाँ, सीमाएँ भी थीं। इनकी रचनाएँ, मूल्य, इनका कथ्य बहुत कुछ मध्यवर्गीय जीवन तक ही सीमित था। एक बड़े वर्ग का संवेदनात्मक पक्ष तब तक इससे बाहर रहा, जब तक रेणु का 'मैला आँचल' नहीं आया।

'मैला आँचल' ने नई ज़मीन तोड़ी थी। भारतीय गाँवों में हो रहे महत्त्वपूर्ण परिवर्तनों, कांग्रेस, समाजवादी, साम्यवादी पार्टी के आपसी संघर्षों का इतना सुन्दर, नाटकीय, काव्यात्मक चित्रण रेणु से पहले किसी ने नहीं किया था। रेणु के उपन्यास और कहानियाँ प्रेमचन्द के ग्रामीण जीवन से अलग एक ऐसा पक्ष दिखाती थीं, जो प्रेमचन्द की औपनिवेशिक निराशा से बिलकुल अलग था। रेणु के उपन्यासों में जहाँ एक तरह की ग़रीबी थी, वहाँ दूसरी तरफ़ एक ख़ास क़िस्म का लिरिकल उल्लास, लोकजीवन में पगे लोगों का जो आनन्द है, लोकसंगीत है और ग्रामभाषा के भीतर जो बहुमुखी लचीलाचन है, वह सब अलग और ख़ास है। नये कहानीकारों की तुलना में रेणु ने हिन्दी कहानी के परिवेश को कहीं अधिक विस्तृत और प्रशस्त किया था। आगे शिवप्रसाद सिंह, मार्कंडेय आदि ने भी इन विषयों पर अच्छी कथाएँ लिखी हैं, पर उतने विशाल पटल पर, पैमाने पर वे मन पर इतना गहरा असर नहीं छोड़ते। रेणु ने यथार्थवादी उपन्यास की सीमाओं का अतिक्रमण किया था और एक नये उपन्यास की ऐसे समय संरचना की थी, जब भिन्न जातियों, वर्णों के लोगों, उनकी मन:स्थितियों, उनके मानस के परिवर्तनों में स्वतंत्र भारत में उत्पन्न होनेवाले उन्मेष आदि को, इसकी रवानी और बहुमुखी संश्लिष्टता को प्रकट करने के लिए नये औपन्यासिक ढाँचे की ज़रूरत थी। इस ढाँचे का रेणु ने बहुत काव्यात्मक संवेदनशीलता के साथ निर्माण किया था। मगर हम प्रेमचन्द और रेणु के उपन्यास के अन्तर को देखें तो रेणु की देन स्पष्टत: हमारे सामने उजागर हो जाएगी। उनके दूसरे उपन्यास 'परती : परिकथा' में लिरिकल काव्यात्मकता और भी मुखर होकर आती है। हिन्दी के कथ्यात्मक ढाँचे को बदलने में जितना योगदान रेणु का रहा है, उतना शहरों में रहनेवाले मध्यवर्गीय कथाकारों का नहीं। सच कहें तो 'नई कहानी' का आन्दोलन सिर्फ़ कहानी तक ही सीमित था। इस समय जो उपन्यास लिखे गए, वे कलात्मक-रूप

से उतने सफल नहीं थे, जितनी इन लेखकों की कहानियाँ सफल थीं। कहना न होगा कि गद्य की केन्द्रीय विधा उपन्यास है, कहानी नहीं और उपन्यास में परिवर्तन का श्रेय रेणु को है। इससे 'नई कहानी' आन्दोलन का महत्त्व कम नहीं हो जाता, मैं यहाँ उसकी सीमाओं की ओर संकेत करना चाहता हूँ।

मैंने जानना चाहा कि क्या उन्होंने कभी कविताएँ भी लिखी हैं?

शुरू-शुरू में कभी अंग्रेज़ी में कविताएँ लिखा करता था। 'गीतांजलि' के असर में लिखी थीं।—नहीं, छपीं नहीं। सौभाग्य से वह कॉपी खो गई।

काव्य-सृजन के उस समय को याद किया जा रहा है :

हायर सेकेंडरी के बाद कुछ मित्रों के साथ कश्मीर गया था। हाउस बोट में ठहरे थे। बड़ी शान्त जगह थी वह। ऊपर छत पर जाकर डल के सौन्दर्य को देखा करता था और 'गीतांजलि' का जो रहस्यवादी दर्शन हावी था—उन दोनों के मिश्रण से, प्रकृति के सौन्दर्य के प्रभाव में वे कविताएँ लिखी गई थीं।

नहीं, इसमें गद्य या पद्य की बात नहीं। मैं नहीं समझता कि काव्यात्मक रूप केवल कविता तक सीमित रहता है। वह हर विधा की भाषा में प्रकट होता है—चाहे वह नाटक हो या कहानी हो या कुछ और। अंग्रेज़ी का ही उदाहरण लें तो लारेंस, वर्जीनिया वुल्फ़, फॉस्टर के उपन्यास हालाँकि शुद्ध गद्य की ज़मीन पर चलते हैं, पर अपने भीतर कहीं ज़्यादा प्राणवत्ता गद्य के घेरे में काव्यात्मक ऊर्जा प्राप्त करने से आती है। कैथरीन मैंसफील्ड की सबसे विख्यात कहानियाँ इसी लिरिकल फ़ॉर्म में लिखी गईं। काव्यात्मक का यह अर्थ नहीं है कि सुन्दर बिम्बों को आभूषणों की तरह सजाकर लाने की चेष्टा करें। मेरा काव्यात्मक से मतलब भाषा और शब्दों के प्रति एक ऐसी गहन संवेदनशीलता को

प्राप्त करना है जिससे हमारी अनुभूतियों के वे पक्ष उजागर हो सकें जो अधिकतर आत्म से बोझिल रहते हैं, अँधेरे में रहते हैं।

'नई कहानी' आन्दोलन के अन्य प्रमुख रचनाकारों की तरह आपने आलोचना के क्षेत्र में स्वयं को सक्रिय स्थापित करने की कोशिश क्यों नहीं की? लेखक द्वारा आलोचना करने के ऐसे प्रयत्नों को आप कैसे देखते रहे हैं?

मैंने आलोचना-पुस्तक नहीं, अधिकतर निबन्ध ही लिखे। 'नई कहानी' की वकालत करने के लिए निबन्ध लिखना ज़रूरी समझा। आलोचना कभी-कभी करनी पड़ती है, ज़रूरी नहीं कि हर लेखक करे। अपने दौर की कहानियों-कविताओं में ऐसे जो परिवर्तन आ रहे हैं, जिनके कारण लेखक ने पिछली पीढ़ी के लेखन से अपने को अलग किया है, इस अलगाव को दिखाने के लिए कभी-कभी ख़ुद भी लिखना पड़ता है। इसका सबसे बड़ा उदाहरण इलियट हैं, जिन्होंने कविता के साथ अपनी कविता के बारे में विचारवान निबन्ध भी लिखे हैं। ज़रूरी नहीं कि हर लेखक ऐसा करे। नये लेखन को आलोचक आलोकित करते हैं इसलिए सामान्यत: लेखक को ऐसा करने की ज़रूरत नहीं पड़ती।

कई बार ऐसे आलोचक भी होते हैं जो ऐसी नई धारा या परिवर्तन को दिखाते हैं, जो पाठक की दृष्टि से अलग रहता है। लेविस ने अंग्रेज़ी उपन्यासों में होनेवाले परिवर्तनों का सुन्दर रेखांकन किया था। हिन्दी में नामवर सिंह के निबन्ध इस दिशा में उल्लेखनीय हैं। 'नई कविता' के आन्दोलन में अज्ञेय, जो स्वयं कवि थे, की आलोचना की भूमिका भुलाई नहीं जा सकती। तार सप्तकों की भूमिका से हमें जितनी जानकारी मिलती है, उतनी आलोचकों से नहीं मिलती। हाँ, इसके अपने ख़तरे भी होते हैं। कई बार कवि लेखक अपनी चीज़ को बहुत बढ़ा-चढ़ाकर प्रस्तुत करते हैं। —हाँ, 'नई कहानी' के लेखकों ने भी ऐसा किया।

उन्होंने स्वयं को जैनेन्द्र, अज्ञेय से अधिक महत्त्वपूर्ण सिद्ध किया। मैं इसे ग़लत समझता हूँ। 'नई कहानी' के कई शक्तिशाली तत्त्व हम जैनेन्द्र, अश्क, नागर, यशपाल आदि में देखते हैं। 'नई कहानी' अपने को पुरानी कहानी से बिलकुल अलग कर सकी, यह कहना काफ़ी अतिशयोक्तिपूर्ण जान पड़ता है। दोनों स्थितियाँ हैं—कुछ हैं जो चीज़ों को पहचान लेते हैं, कुछ बढ़ा-चढ़ाकर कहते हैं—सन्तुलित नहीं रह पाते। इसीलिए आलोचक की वस्तुपरक दृष्टि अधिक महत्त्वपूर्ण होती है बजाय लेखक की ख़ुद की अपनी घोषणा या आलोचना के।

इसी क्रम में मैंने उनसे निबन्ध-लेखन के प्रति एक ख़ास तरह की उनकी रुचि और उसका कारण जानना चाहा। उसी मुद्रा में बैठे-बैठे वे बता रहे हैं :

एक सीमा पर हमेशा मुझे यह महसूस हुआ है कि अनेक ऐसी बातें, समस्याएँ, प्रश्न मुझे परेशान करते हैं जिनका देश व जाति की नियति तथा अस्मिता से सीधा-सीधा सम्बन्ध होता है। भारतीय दृष्टि और भारतीयता की समझ के बारे में ग़लतफ़हमी, जो औपनिवेशिक सत्ता की देन थी, अतीत और परम्परा का वह महत्त्व जिसे आधुनिकता के आन्दोलन ने कहीं पीछे ठेल दिया था, प्रगतिशील आन्दोलन की सीमाएँ और उनकी भ्रान्तियाँ—ये सब ऐसे प्रश्न थे जिन्हें मैं कहानियों या उपन्यासों में वस्तुपरकता के साथ प्रकट नहीं कर सकता था। इसके लिए एक नई विधा चुनने की बाध्यता मेरे सामने आई। मुझे लगा कि शुद्ध रूप से जिसे आलोचनात्मक कहा जा सकता है, परम्परागत अर्थ में अकादमिक आलोचना कही जा सकती है, वह सब तो नहीं, पर तीसरा—चिन्तनपरक निबन्धों का रास्ता अपनाना उचित होगा। इसलिए मैं अपने लेखन के इस चिन्तन पक्ष को उतना ही महत्त्वपूर्ण मानता हूँ जितना कि तथाकथित सृजनात्मक पक्ष को।

बोलना रुका तो नज़र ऊपर उठी। बेआवाज़ चुपचुप हँसती उनकी हँसी अभी बोले तथाकथित शब्द की ओर इशारा किये जा रही थी। हँसी थमी तो फिर कहना शुरू हुआ :

यदि मैं निबन्ध न लिखता तो ऐसी कई चीज़ों को अपनी कहानियों में, उपन्यासों में ज़बरदस्ती लाने की कोशिश करता। वह एक तरफ़ कहानी-उपन्यास को अशक्त बनाता, दूसरी तरफ़ ये प्रश्न भी वहाँ पूरी स्पष्टता और संश्लिष्टता के साथ अभिव्यक्त न हो पाते। मैं समझता हूँ कि भारतीय लेखक को समय-समय पर एक बुद्धिजीवी की भूमिका अपनानी पड़ती है। शायद किसी अन्य पश्चिमी देश का लेखक यह ज़रूरत महसूस न करे, वह केवल कविता या कहानी लिखकर सृजनात्मक सन्तोष पा ले। पर मुझे नहीं लगता कि भारतीय परिस्थिति में एक लेखक का दायित्व इतना सीमित रहना चाहिए। उसे समय-समय पर उन प्रश्नों को व्यक्त करना चाहिए, प्रकाश में लाना चाहिए, जिसे राजनीति उपेक्षित, अनदेखा कर देती है।

चिन्तनपरक निबन्ध-लेखन की परम्परा और मौलिकता के प्रश्न पर बात हो रही थी। निर्मल जी का पूर्ववत् विशिष्ट लय में तन्मयता के साथ बोलना ज़ारी था :

स्वतंत्रता के बाद दुर्भाग्य से भारत में मौलिक चिन्तन का वह विकास अवरुद्ध हो गया, एक समय जिसका गांधी, अरविन्द, रवीन्द्रनाथ ठाकुर, शुक्ल आदि के लेखन में इतनी प्रगल्भता के साथ सूत्रपात किया गया था। तक़ाजा तो यह था कि हमारे राजनीतिज्ञ स्वतंत्र चिन्तन की परम्परा को अधिक नये सन्दर्भों में अधिक स्पष्टता के साथ मुखरित करते। भारतीयता क्या है, परम्परा से हमारा विच्छेद कैसे हुआ, दो सौ वर्षों की औपनिवेशिक ग़ुलामी से किस तरह के दोष आए, हम कैसे मानसिक

दासता के उत्तरोत्तर शिकार होते चले गए, अंग्रेज़ी के प्रभुत्व से किस तरह हमारे साहित्य की ऊर्जा नष्ट हुई, हम किस तरह से स्वतंत्र होने के बाद भी आत्मनिर्वासन की स्थिति जीने को अभिशप्त हुए—ऐसे सारे प्रश्न, जिन पर बीसवीं शताब्दी के शुरू में विचार होना शुरू हो गया था, एक अधूरे एजेंडे की तरह रह गए। स्वतंत्रता से पहले मालूम था कि हमें क्या करना चाहिए, पर कैसे अपने जीवन में वह करना है या आना चाहिए—यह उस एजेंडे का अधूरा भाग था। हमारे राजनीतिक मनीषियों ने यह अधूरा छोड़ दिया। नेहरू के औद्योगिकीकरण के ढाँचे को यथावत् रखकर, अंग्रेज़ी द्वारा स्थापित संस्थाओं को उसी रूप में रखकर, शिक्षा या शासन जैसी पद्धतियों में किसी तरह के परिवर्तन की ज़रूरत न मानकर हमने वह सब नहीं किया जो हम उस अधूरे एजेंडे को पूरा करने के लिए कर सकते थे। यह अपने दायित्व से भागना ही था। अकल्पनीय है यह कि हमारी शिक्षा-पद्धति का ढाँचा आज भी पूर्ववत् है। चीन, जापान जैसे देशों ने साहित्य व टेक्नोलॉजी का विकास अपनी भाषा में किया। हम हैं कि अंग्रेजी के गुलाम बने रहेंगे। जिन दायित्वों से राजनीतिज्ञ बचते-भागते रहे, उन्हें पूरा करने की ज़िम्मेदारी अन्ततः हमारे लेखकों और बुद्धिजीवियों पर आनी ही थी। और मुझे दुःख के साथ कहना पड़ता है कि हमारे बुद्धिजीवी इस कर्तव्य को पूरा करने में केवल असमर्थ ही नहीं रहे, उन्होंने अपनी सभ्यता और संस्कृति के बारे में पश्चिमी वैचारिक ढाँचे के अनुसार भ्रान्तिपूर्ण धारणाएँ प्रचारित कीं। जैसी कि एक ज़माने में मैकाले और अंग्रेज़ी शासक प्रचारित करते आए थे। यह ऐसी दयनीय स्थिति थी कि राजनीतिक रूप से स्वतंत्र होने के बावजूद हम वैचारिक रूप से उतने ही पराधीन रहे जितने स्वतंत्रता मिलने से पहले थे। इसीलिए निबन्धों का क्षेत्र चुनना मेरे लिए कुछ हद तक इस अभाव को दूर करने का प्रयास था, जिसे मैं अपने सामाजिक-राजनीतिक जीवन में महसूस करता था। मुझे नहीं मालूम कि मैं किस हद तक

अपना दायित्व पूरा कर सका हूँ। किन्तु यदि मैं उन प्रश्नों पर निगाह न डालता जिनके बारे में ज़्यादातर लोग चुप रहने से ही स्वयं को सुरक्षित मान लेते हैं, तो यह भाव मेरे भीतर अपराध-बोध की तरह जमा रहता।

चिन्तनपरक और सृजनात्मक लेखन के क्षणों में प्रक्रिया के स्तर पर आप क्या और कैसा अन्तर महसूस करते हैं?

यह अन्तर स्पष्ट है। इन निबन्धों के लिखने से पहले एक तरह की बौद्धिक परेशानी, एक तरह की मानसिक उलझन मैं महसूस करता हूँ और सोचता हूँ कि अपने इस चिन्तन को निबन्ध, डायरी या जनरल लिखकर इन प्रश्नों का अधिक ठोस और स्पष्ट रूप से मैं सामना कर सकूँगा। यदि यह मानसिक-बौद्धिक परेशानी न होती, यदि अख़बारों में इस तरह का झूठ न फैलाया जाता, यदि हमारे हिन्दी लेखक अपनी तथाकथित क्रान्तिकारी और वामपंथी रिटॉरिक की रौ में आकर कई प्रश्नों को ग़लत रूप से प्रस्तुत न करते या ऐसी प्रस्तुतियों पर चुप न रहते...। उनकी चुप्पी, उनकी ग़लत प्रस्तुति से मानसिक परेशानी होती है, उन्हें सुलझाने, शान्त करने को मैंने निबन्ध लिखे। जबकि कहानियाँ-उपन्यास लिखने के पीछे जिन स्पष्ट चीज़ों को रूपायित करने की आकांक्षा होती है, उसका क्षेत्र बिलकुल अलग है। वह हमारी स्मृतियों, अनुभूतियों से कहीं गहरा सम्बन्ध रखता है। यह नहीं कि स्मृति और अनुभूति निबन्धों में नहीं आती। यह विभाजन मैं नहीं कर रहा, पर हाँ, उनमें अधिक होती हैं। उन स्मृतियों को जो हमारे अतीत जीवन का हिस्सा बनी थीं, स्पष्ट करने का मन होता है। यूँ कहें कि कहानियों के बीच में जो ख़ाली जगह बच जाती है, उसे निबन्ध पूरा करते हैं। निबन्धों के बीच में जो निराशाएँ, पीड़ाएँ वाणी नहीं पातीं, शब्द नहीं पातीं, वे कहानी में परोक्ष रूप से आती हैं। इन दोनों के सम्बन्ध में मैं इतना कह सकता हूँ कि आलोचकों के इस कथन से सहमत नहीं हूँ कि निबन्ध एक दिशा

में और कहानी दूसरी दिशा में। निबन्ध में क्या होना चाहिए, यह प्रश्न प्रमुख है, जबकि कहानी में क्या है, यह प्रमुख है। भारतीय परम्परा में हमेशा यह रहा है। महाभारत में भगवद्गीता का परिवेश है। मनुष्य क्या है? वहाँ उदात्त पाशविकता, अँधेरा, मनुष्य सब सामने आता है और अचानक महाभारत के बीच में गीता के प्रवचन हमें बताते हैं कि मनुष्य का आदर्श क्या होना चाहिए, किस तरह वह महाभारत की भूल-भुलैयों से मुक्ति पा सकता है। कृष्ण अर्जुन को यही बताते हैं कि तुम जिन्हें कहते हो कि वे मरेंगे, वे पहले से ही मृत हैं। यह चीज़ मुझे बहुत आकर्षित करती है। मनुष्य क्या है, यह हम तभी जान सकते हैं, जब हम जानें कि उसे क्या होना चाहिए। और यह तब कह सकेंगे जब यह जानते हों कि वह क्या है। दोनों चीज़ें एक-दूसरे से अन्तःसम्बन्धित हैं।

उन्हें बोलते सुनने के साथ-साथ देखने का भी मन हो रहा था। उस बोलने में शोर बिलकुल नहीं, ख़ामोशी ही अधिक थी। कभी आँखें बन्द किये कुछ न देखते-से बैठे हुए तो कभी खुली आँखों से सामने ऐसे देखते हुए, जैसे कुछ न देख रहे हों, सिर्फ़ बोल रहे हों। अचानक तेज़ी से आवेशित से उठकर गए हैं। लौटे तो हाथ में पानी का गिलास था। लेखकों के आचरण-व्यवहार और उनके सम्बन्ध में पाठकों की जिज्ञासाओं-अपेक्षाओं के बारे में जब मैंने उनका मन जानना चाहा तो बड़ा संक्षिप्त-सा उत्तर देकर वे रुके...।

धैर्यपूर्वक प्रश्न सुना और ऐसे बोलना शुरू किया, जैसे उन्हें पता था कि अब यही पूछा जाना है :

विदेश जाकर एक बात ज़रूर होती है कि आदमी को परिवेश से बाहर जाकर देखने का मौक़ा होता है। जातीय समस्याओं को तब वह तुलनात्मकता से आँक सकता है। अपनी आदतों से मुक्त होकर स्वतंत्र रूप से अपने देश-समाज को आँकने-समझने का उसे मौक़ा मिलता है।

पहले जो बुराई या शक्ति उसे नहीं दिखती थी, अब दिखने लगती है। वहाँ जाकर व्यक्ति को अपने समाज की शक्ति और उन मूल्यों के पुन:अन्वेषण का मौक़ा मिलता है, जिनके काले-उजले पक्षों को ऊपर उठकर देखने का अवकाश अपने देश में रहते न मिलता। मेरे लिए यूरोप का प्रवास-आवास इन अर्थों में बहुत महत्त्व रखता है। यदि मैं भारत में ही रहता तो शायद यह सब न हो पाता।

स्वीकार-अस्वीकार का प्रश्न नहीं है यह। मैं समझता हूँ कि यूरोप की समृद्ध सभ्यता है, सांस्कृतिक देन है। मैं स्वयं को कृतज्ञ मानता हूँ कि मैं उस सभ्यता और संस्कृति के सम्पर्क में आया। अगर मैं उस संस्कृति के परिचय में नहीं आता तो मेरे जीवन के कई क्षेत्र सूखे पड़े रहते। उसी तरह भारतीय संस्कृति के कुछ ऐसे उपादान हैं, जो अन्य संस्कृतियों में दुर्लभ हैं। जैसे मनुष्य के आत्म और प्रकृति के साथ सम्बन्ध, अद्वैत की यह भावना कि मनुष्य, सृष्टि की और अन्य चीज़ों में भेद भ्रम है—इल्यूज़न है, अलगाव में समष्टि को देखना और समष्टि में हर व्यक्ति की जो अलग विशिष्टताएँ हैं, उन्हें पहचानना—ये सारे ऐसे उपादान, अंग, अवयव हैं जो मुझे केवल भारतीय मनुष्य के लिए ही नहीं, बल्कि मनुष्य मात्र के लिए महत्त्वपूर्ण जान पड़ते हैं। अपने बारे में यही कह सकता हूँ कि जीवन के बारे में एक समग्र दृष्टि प्राप्त करने के लिए यूरोप की सभ्यता और संस्कृति को पहचानना उतना ही महत्त्वपूर्ण है जितना कि जीवन के प्रति भारतीय दृष्टि को जानना। दोनों में से एक-दूसरे को अलग-अलग करके देखना मानसिक विपन्नता का प्रमाण है।

आपकी रचनाओं में एक ख़ास क़िस्म के वातावरण-निर्माण की कोशिशें बड़ी साफ़ दिखती हैं। अकेलेपन, अलगाव, आत्मनिर्वासन, उदासी या पीड़ा अथवा पश्चिमी जगत् के अन्य अनुभवों से

सम्बन्धित चित्रों की अधिकाधिक उपस्थिति के मूल में आपके विदेश के अनुभवों और वहाँ से प्राप्त दृष्टि का क्या कुछ अवदान है?

मेरे ख़याल से इसमें कई चीज़ों का अवदान है। परिवार और उसके सदस्यों का अवदान। हमारा परिवार एक तरह से स्वायत्त इकाई की तरह रहा। उसका यानी हमारे माता-पिता के परिवार का सम्बन्ध अन्य लोगों से उतना नहीं रहा। अन्य लोगों से एक तरह से कटकर ही रहा परिवार। पिताजी का रेल का दफ़्तर कभी शिमला, कभी दिल्ली। इसलिए कभी वहाँ, कभी यहाँ का रहना। शायद इस तरह की एकान्तप्रियता का कारण शिमला है जहाँ मेरा बचपन पहाड़ों के बीच बीता। दूसरी चीज़ जो मुझे हमेशा आकर्षित करती रही, वह है अध्ययन-पुस्तकें। कालेजों में, यूनिवर्सिटी में स्वाध्याय से जो प्राप्त हुआ, वह इन्हीं से। तीसरा यह कि सात-आठ वर्ष के यूरोप प्रवास में मैं अलग-अलग व्यक्तियों के विचारों के सम्पर्क में आया। ये सब चीज़ें थीं जिन्होंने मेरी दो चीज़ों को—जो बाहर से परस्पर प्रतिकूल हैं, पर हैं परपूरक—शक्ति दी, मज़बूती दी। ये दो चीज़ें हैं—अपने भीतर रहने की शक्ति और अपने से बाहर जाने का जोखिम, अपने को बाहर से देखने की चुनौती। शायद यही है जो आप जानना चाह रहे हैं, इससे मेरे स्वभाव की बनावट बनती है।

फ़ोन बजा तो तुरन्त उठकर गए हैं—'हलो, हाँ, बस एक मिनट, गगन!' वापस आने पर मैंने उनके लेखन में काव्य, कला, संगीत आदि की उपस्थिति के बारे में सवाल किया है।

परिवार के अतीत को याद करते हुए अपने लेखन में उसकी भूमिका और प्रभाव को आँका-जाँचा जा रहा है :

हमारे परिवार का व्यापक परिवेश मौजूद नहीं था तब। परिवार में माँ, पिता, बहन, भाई—बस, कुटुम्ब से ज़्यादा सम्बन्ध नहीं था।

हमारे बड़े भाई रामकुमार ने अपना जीवन लेखन से शुरू किया था। बड़े चित्रकार बने। फ्रांस गए तो वहाँ से कई चित्रकारों के मैनिफ़ेस्टोज, पैम्फ़लेट्स भेजते रहते थे। उनके आर्टिस्ट का जीवन मेरे लेखन का एक हिस्सा बन गया। यह बड़ी चीज़ है कि आपके बड़े भाई या बहन आपको नये अनुभव क्षेत्र में लाने का प्रयत्न करते हैं। यूरोप के बारे में उनके अनुभव, यात्रा-वृत्तान्त मैंने तब पहली बार पढ़े थे। थिएटर, कला, संगीत का ज्ञान पेरिस से भेजी उनकी चिट्ठियों से ही होता था। मेरी बड़ी बहन बड़ी प्रगल्भ छात्रा थी। उसे छात्र जीवन में पुरस्कार बहुत मिलते थे और पुरस्कार रूप में अक्सर किताबें ही मिलती थीं। उन किताबों पर सबसे पहले मैं क़ब्ज़ा कर लेता था। वे तब तक उन्हें ढंग से देख भी नहीं पाती थीं। मैं तब तक पढ़ लेता था। मेरी माँ की ननिहाल पुराने कटरे में थी दिल्ली में। मैं कई बार उनके साथ जाता। उनके सम्बन्धियों से मिलने, परिवार का एक नया आयाम देखने को मिलता था। इससे परिवार में रहने से वैयक्तिक जीवन की सीमाएँ बढ़ती हैं, अनुभव बढ़ते हैं। इस तरह अपने को जानने का जो मौक़ा मिलता है, उस दृष्टि से मैं स्वयं को काफ़ी सौभाग्यशाली मानता हूँ।

एकदम से बोलना रुका तो निर्मल जी की तरफ़ देखा। मन्द-नीरव-सी एक हँसी वहाँ विराजमान थी। सुनाई पड़ा :

हाँ, अब आप भी थक गए होंगे। मेरा भी सिर भारी हो रहा है। एक बजे पुस्तक मेले में जाना है। हाँ, कल जाना था, जा नहीं पाया।

इतनी जल्दी समापन की घोषणा सुन मैं अवाक्, भौचक। अधूरा छूटा-सा लगा सब। कल दोबारा समय दिये जाने के लिए आग्रह किया तो हाँ, कुछ इस तरह कही गई, जैसे वे ना कह नहीं पाए थे :

ठीक है, अब कल दस बजे देख लें।

ज़्यादा नहीं हो पाता अब। आप सवाल सिलेक्ट कर लें!

वाणी में सरल-तरल-सा स्नेह प्रदर्शन। मन रखने की उदार सदाशयता को मैंने महसूस किया। गगन जी से कुछ देर बात करने की मैंने इच्छा जताई तो बग़लवाले कमरे पर वे दस्तक देते दिखाई दिये। दस्तक क्या दी—उँगलियों को आहिस्ता-आहिस्ता ऐसे दरवाज़े से छुलाया, जैसे वह दरवाज़ा न होकर कोई वाद्ययंत्र हो—'गगन, तुमसे बात करना चाहते हैं।'...चश्मा लगाए वे आईं। उनकी उपस्थिति के आकर्षण को मैं देख रहा था। कहा गया—'आज तो अभी झा साहब आएँगे...फिर मुझे जाना भी है, कुछ काम करना है...आप कल दस बजे फिर आ रहे हैं न?...कल ठीक रहेगा, फ़ुरसत से बैठ लेंगे...' कहने-बोलने में एक लय, एक अनुशासन, अच्छी कविता की तरह शब्दक्रम, आरोह-अवरोह-शीरी-सी मिठास। दोनों को पास-पास, साथ-साथ देखा तो एक ख़ास तरह की शान्ति, अनुशासन और सबसे अधिक ग़ज़ब के सम्मोहन को अपने आसपास पाया। लगा कि अपने स्रष्टा के मन और आत्मा के सौन्दर्य तथा जादू की कोई कृति यूँ ही आपको ख़ूबसूरत-सम्मोहक नहीं लग सकती।

लेकिन अगले दिन बातों का अवसर आसानी से नहीं मिल पाना था—'कल आप साढ़े चार तक आ सकते हैं क्या?' सुबह का समय चाहा तो व्यस्तता बताई गई। अन्ततः गगन जी के साथ बातचीत के अपने लोभ का उल्लेख करते हुए मैंने तीन बजे तक पहुँचने की कहकर कार्यक्रम तय कर लिया था। अगले दिन चलने से पहले आश्वस्त हो लेना चाहा। उधर फ़ोन पर गगन जी थीं—नपा-तुला, सधा स्वर। निर्मल जी के समय की सूचना देकर मैंने उससे पहले उनसे समय चाहा। 'आप तीन बजे आ सकते हैं?'

मैं ख़ुश। 'हाँ' कहा और फ़ोन रखते-रखते सोच लिया कि मिलने पर गगन जी से यह कहना ही है कि आपको कविता पढ़ते तो मैंने नहीं सुना, पर फ़ोन पर आवाज़ सुनकर भी उस कशिश का अन्दाज़ लग सकता है।

दरवाज़ा गगन जी ने ही खोला। पानी, चाय, फिर बातें। आत्मलीन, चिन्तन की-सी मुद्रा में पास की कुर्सी पर बैठी हैं। कटे, खुले, बिखरे बालों का वामांश आगे की तरफ़ लटक-झूल रहा है और दक्षिणांश गर्दन की सहायता से पीठ की ओर मुड़ चला है। स्टील के बड़े से फ्रेम का चश्मा, उसके उस पार दिखती बड़ी-सी आँखों का अन्तर्मन और बाह्य-जगत् को देखते समय का अलग, निजी, ख़ास अन्दाज़। उनके बचपन, कविता, रचना-प्रक्रिया, स्त्री स्वातंत्र्य, दलित व नारी-विमर्श, उनसे हिली-मिली बिल्लियों, पक्षियों, बच्चों पर, कई मुद्दों पर कई तरह की देर तक बातें हुईं। आज की लपड़-झपड़, तड़ाक-धड़ाक शैली में बोलनेवाली कई संन्यासिनियों-साध्वियों से भिन्न, एकदम अलग अन्दाज़ में बोल रही थीं—शान्त, शब्द-ब-शब्द गहरे उतरते, ऊँचाइयाँ चढ़ते हुए। प्रश्न सुनतीं, वहाँ बैठे-बैठे जैसे कहीं जातीं, कुछ देर वहाँ ठहरकर फिर वापस आतीं। उस दिन उनके स्वभाव के बारे में सुनी कुछ बातें तब मुझे केवल अनुमान, भ्रम और कल्पना लगी थीं। निर्मल जी के बारे में मैंने जितना पूछा, वे सहज, आत्मीय, निश्छल भाव से बताती रहीं। तब मैंने दोनों लोगों के साहित्यकार होने से गृह-संचालन में आनेवाली दिक़्क़तों-मुश्किलों के बारे में जानना चाहा था। अपने लेखन के शुरुआती दौर की चर्चा करने के बाद वे कह रही थीं—हाँ, मुझ पर अभी भी बीच-बीच में बाहरी चीज़ों का दबाव आ जाता है। —नहीं, पति का नहीं होता वह दबाव।

मैंने अपनी इतनी रक्षा कर ली है, इतनी म्यूचुअल अंडरस्टैंडिंग है कि वह दबाव नहीं है। जैसे अब कोई रिपेयरिंग का काम है, कुछ ठीक कराना है, बाहर का काम है, या ऐसा काम है जिसे मैं ही करवा सकती हूँ—तो वह फिर मेरी ज़िम्मेदारी है। दो टूक कहूँ तो मुझे यह भी लगता है कि निर्मल जी काफ़ी अव्यावहारिक व्यक्ति हैं। स्वयं से कुछ कराना इनके वश का नहीं है। जो बता दिया जाए, वह कर लेंगे। उनके अव्यावहारिक होने से कोई समस्या नहीं है। पर लगता है कि ये ऐसे व्यक्ति होते जिनकी मुझसे स्पष्ट-सी माँगें होतीं। मुझे किसी रोलमॉडल में बाँधकर रखते। मुझे ख़ुशी है, निर्मल जी को मुझसे ऐसी अपेक्षा नहीं रही। उनकी सारी अव्यावहारिकता इससे साफ़ हो जाती है कि वे हर सुबह चाय बनाकर मेरे सिरहाने रख जाते हैं। उसके बाद फिर चाहे थैला भरकर सब्ज़ी लाओ, मकान की टूट-फूट ठीक कराओ या और कुछ। सुबह इतना कर देने से लगता है कि उन्होंने भी कुछ किया है। अभी दो दिन पहले सब्ज़ी लेकर लौटी तो इन्हें कहा मैंने—देखो, मैं इतना सारा बोझ लटकाकर लाई थी दोपहर में...। एकदम से बोले—मैं भी तो टिक्की लाया था तुम्हारे लिए दोपहर में! मैंने पूछा—तो क्या टिक्की का वज़न इसके बराबर था? फ़ौरन उत्तर मिला, पर एक सवाल के साथ—हाँ, टिक्की का वज़न तो कम था, इस भूसे का वज़न अधिक था...पर क्या मेरी लाई हुई टिक्की ख़राब थी? अब क्या उत्तर दे सकते हैं आप? उस क्षण उनके मन की खीज, ख़ुशी, तृप्ति छिपी नहीं रह पा रही थी।

'निर्मल जी के साथ रहकर घर में जो मुझे परेशानी होती है, वह यह नहीं कि मेरे लिखने में कोई व्यवधान हो रहा है। परेशानी यह होती है कि वे बहुत डिसिप्लिंड ढंग से लिखते हैं।

सुबह सात बजे वे मेज़ पर बैठ जाते हैं, फिर जब तक जैसा चले। नहाने-धोने-नाश्ते को उठेंगे एक घंटे को। डेढ़ बजे तक काफ़ी सॉलिड काम होता है उनका। अर्ली ईवनिंग का समय ऐसा रखते हैं कि उसमें कहीं बाहर जाना है या मिलना है किसी को। जब वे दुनिया से मिलते हैं तो उससे पहले पाँच-छह घंटे अपनी मेज़ पर बैठ चुके होते हैं। सारा समय पढ़ना-लिखना। चिट्ठियों के जवाब देने हैं। एक बड़ी नियमित-सी दिनचर्या रहती है। इसमें कहीं व्यवधान नहीं। अराजकता कहीं होती होगी तो भीतर मन में होती होगी कि क्या कथानक चल रहा है, कौन पात्र क्या रूप ले रहा है। पर बाहर एक डिसिप्लिन। यह सब देखकर मुझे जो दिक़्क़त होती है, वह यह कि मैं रोज़ बैठकर नहीं लिख सकती। मेरे लिखने के फेजेस होते हैं। मैं लिख रही होती हूँ तो लिख ही रही होती हूँ। कम्प्यूटर पर बैठी रहती हूँ...अधिक समय उस क्षण के इन्तज़ार में...कि पकने-बनने पर शुरू करूँ...। निर्मल जी पहले मेरी इन चीज़ों को नहीं समझते थे। कहते थे कि ये कामचोरी की बातें हैं। जब तक आप मेज़ पर नहीं बैठेंगे, नहीं लिखेंगे। पर इन चौदह-पन्द्रह वर्षों में वे धीरे-धीरे समझ गए हैं कि इनका ग्राफ़ अलग तरह से चढ़ता-उतरता है और मेरा कुछ और अलग तरह से।'

निर्मल जी की रचनाओं की पहली पाठिका होने के बारे में गगनजी से पूछा गया तो बताने लगीं—'सबका ज़रूरी नहीं। कुछ चीज़ों की मैं पहली पाठक। इसलिए कि मैं उनकी टाइपिस्ट हूँ। निर्मलजी कहते हैं कि उनके हैंडराइटिंग को भारत में केवल दो लोग पढ़ समझ पाते हैं—एक मैं, एक मदन सोनी। इतना बारीक लिखते हैं कि एक डॉट में तीन अक्षर छिपे रहते हैं। पिछले सात-आठ वर्षों से,

जब से मैं कम्प्यूटर पर काम करने लगी हूँ, मेरे पास उनका ड्राफ़्ट आ जाता है। मदन सोनी के पास नहीं जाना है तो ड्राफ़्ट मेरे पास ही आएगा। 'अन्तिम अरण्य' कम्प्यूटर पर कर रही थी तो बीच में एक बार लगा कि मेरी तो आँखें ही चली जाएँगी। मैंने निर्मल जी से कहा कि यदि आप बड़ा नहीं लिख सकते तो मैग्नीफाइंग ग्लास ही ला दें? बड़ा तो नहीं लिख सके, पर दो घंटे बाद मैग्नीफाइंग ग्लास आ गया।' शब्दों के साथ निःसृत होती चहक ने उनके चेहरे पर एक कान्ति, एक तेज़ ला दिया था। निर्मल वर्मा जी के अपने होने के भाव पर वे प्रमुदित-प्रफुल्लित-गर्वित-सी दिखी थीं। 'कामायनी' की श्रद्धा की एक पंक्ति अपनी याद दिलाकर चली गई—'दया, माया, ममता लो आज/मधुरिमा लो, अगाध विश्वास...।'

ऐसे उस ख़ास क्षण में मैंने पूछा था—'निर्मल जी पर गर्व करने जैसा भाव कब-कब आता है आपके मन में?' थोड़ी देर चुप रहीं, जैसे मन की गहराइयों में डुबकी लगाई जा रही हो। बोलना शुरू हुआ तो लगा कि वे जितना बोलकर बोल रही थीं, उससे अधिक शब्दों-वाक्यों के बीच के अन्तराल और मौन के माध्यम से बोल रही थीं। बहुत दूर कहीं देखती-सी वे बता रही थीं—'मुझे निर्मलजी के साथी होने पर जिस चीज़ की सबसे बड़ी हैरानी होती है, वह तब, जब मैं इन्हें अध्यक्षीय बात कहते हुए सुनती हूँ।' मैं उनके बोले शब्द 'साथी' पर रुका था कुछ समय। सहधर्मिणी, अर्द्धांगिनी या सहचर जैसे शब्द तो मैंने भी नहीं सुनने चाहे थे। पर ऐसा क्यों लगा कि उन्होंने 'साथी' नहीं 'सारथि' कहा है शायद। बिना उनके कहे भी मान लिया कि 'सारथि' ही कहा होगा...'ये किसी सभा में गए हैं। इन्हें बोलना है। मुझे लगता है कि इन्हें जानती हूँ।

मेरे आमने-सामने चल रहे हैं। पर जब ये बोलते हैं—इतनी भारी चीज़ें इकट्ठा करके कह रहे होते हैं—तब देखती-सुनती हूँ तो सोचती हूँ कि इसका मतलब तो यह है कि जिस चीज़ को मैं देख रही थी—कि आमने-सामने घूम रहे हैं—तो मैं सही चीज़ नहीं देख रही थी। शायद हो सकता है कि एक लेखक सबके लिए इतना पराया होता हो...या इतना ही अपना होता हो...।'

साढ़े चार से थोड़ा पहले निर्मल जी आ चुके थे। स्वेटर-पैंट, कढ़े बाल...लगा कि उस दिन से अधिक सँवरे-से, स्मार्ट-से दिख रहे हैं आज। हिमाचल की प्रकृति जैसी सौम्य स्निग्धता। कुर्सी पर बैठने तक हाथ जुड़े हैं, प्रश्न पूछे जाने से पहले ही सुनने जैसी एकाग्रता और सुनकर अपनी उस विशिष्ट मुद्रा में ऐसे बोलना शुरू, जैसे पहले से तैयार कोई ड्राफ़्ट उनके मन के अन्दर रखा हो। शुरुआत के लिए यूँ ही पूछ लिया कि आप अपने वर्तमान का, लेखक होने का श्रेय किसे देना चाहेंगे? मेरा मन्तव्य जानना चाहा है पहले। फिर कहा गया है :

आपका मतलब लेखकों से है क्या? मेरे लिए यह कहना तो मुश्किल है कि मैं जो जैसा भी आज हूँ, वह किस वजह से हूँ। उसके लिए मैं अनेक व्यक्तियों, सम्बन्धियों, मित्रों के प्रति गहरी कृतज्ञता महसूस करता हूँ। उनका नाम लेने से कोई ख़ास फ़ायदा नहीं है, पर चेतन और अचेतन मानस में उनकी उपस्थिति मेरे लिए कितनी फलप्रद रही, यह कल्पनातीत है। भारतीय परम्परा में यह माना गया है कि हमें जीवन में तीन तरह के ऋण चुकाने पड़ते हैं। अगर हम इन शब्दों को व्यापक अर्थ में लें तो मेरी कृतज्ञता की सूची बहुत कुछ इन तीन ऋणों के बीच समा सकती है। देव ऋण इस मायने में कि मैंने जिस परम्परा में जन्म लिया है, उसमें पवित्रता का एक अद्भुत आभास था।

वह जो भी है—चाहे पर्वत, धरती, आकाश, कुछ भी है। जो चीज़ भी हमारा पोषण करती है, जिसके माध्यम से हम इस जीवन के यथार्थ से परे किसी सार्वभौमिक शक्ति से साक्षात् करते रहते हैं, अनुभव-उपस्थिति से अधिक समग्र-सम्पूर्ण बातें हैं उसमें। यह संयोग नहीं कि परम्पराओं में इन समस्त को, इन उपकरणों को देवी-देवताओं के रूप में स्वीकार किया गया है। उसी तरह ऋषि ऋण के अर्थ में वे सब विद्वान, लेखक, चिन्तक जिन्होंने प्रत्यक्ष रूप से या पुस्तकों के माध्यम से मुझे अच्छे-बुरे, सत्य-असत्य, न्यायसंगत-अन्याय संगत, नीति-अनीति के बीच में भेद करना सिखाया और यह सिखाया कि मनुष्य के भीतर जन्म से ही मनुष्य नहीं होता, उसे मनुष्यत्व को अर्जित करना होता है। मुझे इस बहुमूल्य चीज़ को सिखाने में ऋषिऋण का गहरा योगदान है। तीसरा पितृऋण है। मेरे भीतर जिस तरह की चिन्ताएँ, जिज्ञासाएँ, और आकांक्षाएँ निवास करती हैं, जो मुझे एक विशिष्ट व्यक्ति के रूप में रूपायित करती हैं, उसके लिए मैं उन सब पुरखों-पूर्वजों का कृतज्ञ हूँ। पितृ का अर्थ ही पूर्व है। वे सजग रूप से तो नहीं पर अचेतन रूप से मेरी स्मृतियों, मेरे अचेतन मानस में वास करते हैं और उनका होना मेरे अस्तित्व को वर्तमान से ऊपर उठाकर अतीत और भविष्य की एक श्रृंखला में संयोजित करता है। यहाँ भी यह देखिए कि भारतीय परम्परा में श्राद्ध पुरखों के प्रति कृतज्ञता प्रकट करने को किया जाता है। शायद दुनिया में कहीं नहीं है यह परम्परा। तीनों ऋणों को चुकाने की प्रक्रिया में दुनिया का अजनबी परिवेश हमारा आत्मीय आवास स्थल बनता है। जिस तरह मकान को घर में बदलने के लिए अनेक पीढ़ियों का आवास ज़रूरी होता है, उसी प्रकार से संसार को अपनी संस्कृति में बदलने-परिवर्तित करने की प्रक्रिया तभी पूरी होती है, जब हम ऋणों को चुकाने में समर्थ होते हैं।

सूचना तंत्र, टी.वी., मीडिया आदि की भूमिका तथा प्रभाव और साहित्य के भविष्य के बारे में किये गए सवालों के उत्तर में निर्मल जी ने कहा :

एक तरह से इसे आधुनिक युग की विडम्बना और विरोधाभास मानना चाहिए कि टी.वी., इंटरनेट आदि की प्रविधियाँ इतनी परिष्कृत और व्यापक हो गई हैं कि हम तुरन्त एक-दूसरे के बारे में सूचना प्राप्त कर सकते हैं, लेकिन अन्य का बोध—और आपके बीच का बोध उत्तरोत्तर क्षीण, कमज़ोर पड़ता जा रहा है। क्या यह अजीब बात नहीं कि सुदूर देशों की जनता की आकांक्षाओं-यातनाओं के बारे में मैं आसानी से रेडियो, अख़बारों से ख़बर पा सकता हूँ, मगर इस धरती पर मानवता के बीच मनुष्यों से मेरा रिश्ता उतना ही अजनबी और कहीं-कहीं तो आतंकित और भयभीत करनेवाली चीज़ बन गया है। सार्त्र ने कहा था कि अन्य की अवधारणा यानी, मनुष्य में जो अदर है, वह नरक की तरह है। आज इस नरक की भयावहता सूचना तंत्रों के इतने व्यापक होने के बावजूद कम नहीं हुई है। मनुष्य उत्तरोत्तर छोटे-छोटे गुटों, संघों में बँटता जाता है। धर्म, राजनीति, टेक्नोलॉजी, सामाजिक-राजनीतिक संस्थाएँ हर क़दम पर मनुष्यों के बीच वैमनस्य और शत्रुता यदि नहीं तो दूरी, भय और अजनबीपन उत्पन्न करती जाती हैं। इसलिए मैं कभी-कभी सोचता हूँ कि एक मनुष्य को जानने के लिए ज़रूरी नहीं कि हम सारी दुनिया की मानव-जाति की ख़बरों को तात्कालिक रूप में जान सकें, अपितु अपने सान्निध्य में रहनेवाले लोगों के भीतर की मानवता के सूत्रों से अपने को जोड़ सकें। यह बड़ी बात होगी। क्राइस्ट ने कहा था—अपने पड़ोसी से वैसा ही प्रेम करो, जैसा तुम अपने से करते हो। जब तक यह दुनिया हमारा पड़ोस नहीं बनती, हम इसे पड़ोसी की तरह आत्मीय स्नेह नहीं दे सकते, तब तक सूचना तंत्रों का प्रसार किसी भी तरह मनुष्यों को

एक-दूसरे के नज़दीक ला पाएगा, उन्हें एक-दूसरे के बारे में ईमानदारी के साथ समझदारी दे सकेगा, मुझे सन्देह है।

जहाँ तक साहित्य के भविष्य की बात है, इस तरह की आशंकाएँ, हर उस समय में जब नई कला विधा का प्रादुर्भाव होता है, उत्पन्न होती हैं। उन्नीसवीं शताब्दी में जब फ़ोटोग्राफ़ी ईजाद हुई, कहा गया कि पेंटिंग, चित्रकारों का भविष्य अन्धकारमय है। क्या ऐसा हुआ? चित्रकारी ने अपनी कला में अधिक संस्कार, अधिक संश्लिष्टता, अधिक कलात्मक क्षमताओं को अर्जित किया और फ़ोटोग्राफ़ी दूसरी दिशाओं में अग्रसर होती गई। इसी तरह बीसवीं शताब्दी के शुरू में जब सिनेमा आया, तब भी यह आशंका प्रकट की जाती थी कि थिएटर की जो परम्परागत कला है, नाट्य कला है, उसकी अब कोई ज़रूरत महसूस नहीं होगी। जब मनुष्य दो-ढाई घंटे में फ़िल्म के चलायमान बिम्बों द्वारा इतना ज्ञान और आनन्द प्राप्त कर सकता है तो फिर थिएटर जैसे अपेक्षाकृत स्थिर मंचीय माध्यम की तरफ़ वह क्यों झुकेगा? लेकिन यह भी नहीं हुआ क्योंकि जिस तरह का दर्शक और नाटक के बीच साक्षात् संवाद का परिवेश थिएटर उपस्थित कर सकता था, कलात्मक रूप से और जिस गहराई से नाटकीय कला के माध्यम से उन समस्याओं को उजागर कर सकता था, उन्हें सिनेमा कभी छूने का साहस भी नहीं करता। इसलिए हम देखते हैं कि बीसवीं शताब्दी में जहाँ सिनेमा जैसी कलात्मक विधा का आविष्कार हुआ, वहाँ इब्सन जैसे महान नाटक लेखक और रंगकर्मी हमारे सामने आए। और हमें पता चला कि नाट्यकला को सिनेमा कभी अपदस्थ ही नहीं कर सकता। क्योंकि दोनों ही अपने-अपने माध्यम से मनुष्य के जीवन-सत्यों को उद्‌घाटित करते हैं, क्या कभी टेलीविज़न या मीडिया के दूसरे साधन ऐसा करने के कलात्मक साधन जुटा पाते हैं? सिनेमा में, टीवी में हम फ़्लैशबैक का टेकनीक अपनाते हैं, लेकिन वह बहुत सतही रूप में, तकनीकी फ़ॉर्मूले के रूप में हमारे सामने आता है।

जबकि साहित्य में अन्ना कैरेनिना जैसी नारी आत्महत्या करने से पहले जिस भावनात्मक उन्मेष के साथ अपने अतीत का विश्लेषण छिलके-छिलके करके करती है, क्या कभी कोई मीडिया-माध्यम ऐसा कर पाने में समर्थ हो सकता है? मैं नहीं समझता कि पुस्तक का कोई भी पर्याय कभी भी कोई अन्य चीज़ हो सकती है। उसका सीधा-सा कारण यह है कि पुस्तक—उपन्यास, कविता, नाटक, आध्यात्मिक-दार्शनिक ग्रंथ—अपने शब्दों के माध्यम से कोई बना-बनाया सत्य किसी बिम्ब या इमेज के द्वारा अभिव्यक्त नहीं करते, जैसा हम सिनेमा-टीवी में देखते हैं, जो हमेशा अधूरा और सतही होता है। जबकि हर पुस्तक मनुष्य की स्वाधीन चेतना पर विश्वास करती है कि वे किसी भी कविता या उपन्यास को एक विशिष्ट अर्थ में न बाँधकर, अनेक अर्थों में, बिम्बों में उसे प्राप्त करने, उसका रसास्वादन करने में समर्थ हो सकती है। मार्क्वेज से जब किसी ने पूछा कि आप अपने उपन्यास—'एकान्त के सौ वर्ष' का फ़िल्मीकरण कराने की अनुमति क्यों नहीं देते, जबकि वॉलीवुड के अनेक प्रोड्यूसर आपको लाखों डॉलर्स देने को तैयार हैं? तो उनका उत्तर यह था कि आज जब लोग मेरी पुस्तक पढ़ते हैं तो हर पात्र या घटना का अपने व्यक्तिगत अनुभव के माध्यम से अर्थ लगाते हैं। मेरी पुस्तक हर पाठक के लिए एक अलग अर्थ रखती है। वह किसी सामान्य ढर्रे में नहीं बँधी। मेरे हर पाठक के भीतर मेरे उपन्यास के हर पात्र का एक अलग बिम्ब है। जब ये ही पाठक मेरे उपन्यास की फ़िल्म देखेंगे तो उन पाठकों के भीतर पात्रों-बिम्बों और अर्थों की बहुलता का जो संसार होगा, वह हास्य एक्टर की मुद्रा और एक हास्य बिम्ब में जड़ित होकर रह जाएगा। मैं नहीं चाहता कि फ़िल्म मेरी पुस्तक के बहुआयामी अर्थों को फ़िल्म में ढले हुए एक ख़ास सिनेमाई बिम्ब में सिकोड़कर रख दे। मेरे ख़याल में सुन्दर है यह बात। हम पुस्तक से जो सुख प्राप्त करते हैं, उसमें हमारा निजी योगदान उतना ही है, जितना लेखक का।

यही कारण है कि एक पुस्तक हर युग में हर पाठक की एक नई पुस्तक होती है, जबकि उसका टेक्स्ट वही रहता है।

सम्प्रेषण की समस्या कहाँ है? आज भी किताबें पढ़ी जाती हैं, लाखों की संख्या में पुस्तकें आज भी छपती हैं, आज भी पाबन्दी लगती है पुस्तक पर। ऐसे भी देश हैं जहाँ के शासक डरते हैं कि पुस्तक छपेगी तो उनके झूठ का पता लगेगा। यदि पुस्तक में शक्ति न होती तो तसलीमा की किताब पर बांग्लादेश में या यहाँ पाबन्दी क्यों लगती? यदि छपने पर वही स्थिति रहती है तो पाकिस्तान, चीन, सोवियत संघ जैसे देशों में पुस्तक पर पाबन्दी क्यों लगाई जाती है? मतलब यही है कि पुस्तक में मानस को परिवर्तित कर सकने की अदम्य शक्ति है। बीसवीं सदी की जहाँ अनेक उपलब्धियाँ हैं, वहाँ सबसे बड़ा अभिशाप शायद यह है कि सबसे अधिक संख्या में पुस्तकें जलाई गईं, पाबन्दियाँ लगाई गईं—क्योंकि शासक शब्द से डरते थे। यह कहना ग़लत है कि सम्प्रेषण का संकट है। भारत जैसे देश में, जहाँ साक्षरता की कमी है, अधिक लोग बहुत किताबें नहीं पढ़ सकते। आज भी हज़ारों-लाखों लोग सत्संग, धार्मिक समारोहों, उत्सवों आदि के माध्यम से 'रामायण', 'महाभारत' आदि लिखित पुस्तकों से शक्ति व ज्ञान प्राप्त करते हैं, इन महाकाव्यों की कहानियों से अनुप्राणित होते हैं।

तब मैंने आज के लेखन में भाषा के स्तर पर व्याप्त लापरवाही और अन्य दुर्बलताओं के बारे में निर्मल जी की राय जाननी चाही थी। प्रश्न पूरा होते-होते सुनने को मिला :

संकट यह नहीं है। सही प्रश्न नहीं है यह। सही प्रश्न आपको यह पूछना चाहिए कि पचास-पचपन वर्ष बाद भी हम भारतीय भाषाओं के भीतर उतनी स्वावलम्बी चेतना पैदा क्यों नहीं कर सके कि सृजन, चिन्तन, संचार, दफ़्तर आदि के कामों के लिए सीधे-सीधे अंग्रेज़ी पर निर्भर न करके, वह सब स्वयं सम्पन्न कर पा सकने की स्थिति में होते?

यह सबसे बड़ा संकट है भारतीय संस्कृति के लिए और लज्जास्पद बात है। जहाँ चीन, जापान, वियतनाम जैसे देश भी अपनी भाषाओं में दूसरी भाषाओं के साथ संवाद कर पाते हैं, वहाँ आज भी हम अपने को अंग्रेज़ी पर निर्भर पाते हैं। वर्ष में केवल एक दिन हम हिन्दी दिवस मनाकर अपनी ज़िम्मेदारी से छुटकारा पा लेते हैं, जबकि तक़ाज़ा यह है कि हम हर दिन अपनी भाषा में काम करने में समर्थ हो सकें ताकि हर दिन हिन्दी-दिन मनाया जा सके। यहाँ अंग्रेज़ी या उसके साहित्य की अवहेलना करना मेरा आशय नहीं है और न उन लेखकों को किसी भी तरह नीचा दिखाने की इच्छा है जो अंग्रेज़ी में कविताएँ या उपन्यास लिखते हैं। उनमें से अनेक उत्कृष्ट कवि और लेखक हैं। पर भाषा का प्रश्न केवल साहित्य तक ही सीमित नहीं है। एक पूरी संस्कृति के मर्म और अर्थों को सम्प्रेषित करने की सम्भावना उसके भीतर अन्तर्निहित है। भारत में एक समय में समूची संस्कृति के सार्वभौमिक सत्य को संस्कृत भाषा में व्यक्त किया जाता था। उन्नीसवीं शताब्दी में जब यह प्रश्न अंग्रेज़ी शासकों के समक्ष आया कि कौन भाषा शासकीय हो, तो उनमें से कुछ लोग संस्कृत को शासकीय भाषा बनाना चाहते थे। पर फिर कुछ औपनिवेशिक शासकों ने कुछ स्वार्थों के कारण अंग्रेज़ी को ही शासकीय भाषा बनाना सही समझा क्योंकि वे भारत के शिक्षित वर्ग को अपनी परम्परा से उन्मीलित करके पश्चिम की वैचारिक दासता से मुक्त नहीं करवा सके हैं। इसके बारे में समूचे बुद्धिजीवी वर्ग और हमारे शासक वर्ग को गम्भीरता से सोचना चाहिए। यदि हम वैचारिक रूप से स्वयं अपनी भाषा में सोचने, सृजन करने की सामर्थ्य नहीं जुटा पाते, तो हमारी राजनीतिक स्वतंत्रता का क्या मूल्य रह जाएगा?

कुछ दिन पहले मैंने निर्मल जी के उपन्यास अंश के साथ यह घोषणा पढ़ी थी कि वे इन दिनों 'लालीबुआ' उपन्यास पर काम कर रहे हैं। शीर्षक के बुआ शब्द के आधार पर मैंने निर्मल जी

से जानना चाहा था कि क्या अब उनका लेखन अतीत से जुड़े कुछ ख़ास रिश्तों पर केन्द्रित होना चाह रहा है?

एक अंश से समूचे उपन्यास के बारे में धारणा नहीं बना सकते। अभी अधूरा है वह। पहला ड्राफ़्ट है। लिख रहा हूँ, अन्तिम रूप क्या होगा, अभी यह कहना नामुमकिन है। उतना अंश पढ़कर पूरे का अनुमान नहीं लगाया जा सकता। उसमें विभिन्न परिवारों के सदस्यों के वैयक्तिक जीवन और उनके अन्त:सम्बन्धों को व्यक्त करने का मैंने प्रयास किया है। लेकिन यह अभी कच्ची और अधूरी शक्ल में मौजूद है। वह छोटा, अधूरा हिस्सा पढ़ा है आपने...।

आपके लेखन में कुछ अनुभव, स्थितियाँ, चित्र, दृश्य बार-बार, बहुत बार आते हैं—जैसे प्रकृति, अकेलापन, निर्वासन, उदासी, प्रतीक्षा, करुणा, मृत्यु...?

इतना सुनकर ही हँसने लगे हैं। देर तक हँसे हैं। पहले दिन यह नहीं सोच सका था कि निर्मल जी को इस तरह हँसते हुए भी मैं देख सकूँगा। लगा, कुछ ग़लत पूछा लिया क्या? पर उनके बोलने के साथ ही यह लगना स्वयं ही बन्द हो गया।

मृत्यु! मृत्यु भी बार-बार आती है। पात्रों का जीवन अनवरत रूप से चलता है। मैं किसी ख़ास विषय पर केन्द्रित नहीं करना चाहता—प्रेम, मृत्यु या अन्य किसी अभाव पर। ये सारे प्रसंग मनुष्य के जीवन में केन्द्रीय अर्थ रखते हैं। बीमारी, बुढ़ापे, मृत्यु को देखकर गौतम बुद्ध का सारा जीवन बदल गया था। कथा-साहित्य में आप इन तीन चीज़ों की उपेक्षा कैसे कर सकते हैं? यदि मैं इन विषयों पर बार-बार लौटता हूँ तो यह तो वैसा ही है, जैसे एक पक्षी अपने घोंसले से सुबह उड़ता है और शाम को वापस लौट आता है...तब अगर कोई आलोचक कहे कि पक्षी

कैसा है, बड़ा मूर्ख है—शाम-सुबह इसके अलावा और कुछ आता नहीं इसको। इस तरह की साहित्यिक आलोचना के बारे में सोचना चाहिए। ऐसी सतही बातें नहीं करनी चाहिए साहित्य के बारे में। शाश्वत प्रश्न हैं ये—प्रेम, मृत्यु, सम्बन्ध, सम्बन्ध-विशृंखलता, सम्बन्धों की उपस्थिति, अभाव। हम इन प्रश्नों से कैसे छुटकारा पा सकते हैं? देखना यह है कि लेखक इनको नये सम्बन्धों में उजागर कर पाता है या नहीं। हर लेखक करता रहा है इनकी अभिव्यक्ति। सृजनात्मकता इसी में निहित है कि वह पुराने सन्दर्भों को नया अर्थ दे सके। शान्ति, अहिंसा की बात उपनिषदों में भी कही गई है, महाभारत में भी, बहुत वर्षों बाद गौतम बुद्ध ने भी दोहराई, शताब्दियों के अन्तराल के बाद गांधी ने नया अर्थ दिया। तो क्या आप इसे दोहराना कहेंगे? वे दोहरा भी रहे थे, सृजनात्मकता भी दे रहे थे। गांधी की रचनात्मकता ही इसमें निहित है कि अहिंसा को उन्होंने सत्याग्रह के अस्त्र के रूप में पहली बार प्रस्तुत किया। मेरे विचार में यह आविष्कार उतना ही महत्त्वपूर्ण है जितना कि किसी वैज्ञानिक का। हम परम्परा से अलग होकर लिखते हैं, न कि उसकी नक़ल करते हैं। उसके भीतर रहते हुए उसमें अपने समय की परिस्थितियों के अनुकूल नया अर्थ ढूँढ़ते हैं। तो आपको देखना यह है कि लेखक ने ऐसा किया है या नहीं? यदि नक़ल है तो किसी लेखक की किताब आप क्यों पढ़ें? वह सब पहले ही पढ़ चुके हैं आप। पर यदि पाते हैं कि उसने मानवीय संवेदनाओं को नया रूप दिया है तो वह पुरानी होते हुए भी नई चीज़ बन जाती है। मृत्यु शाश्वत है, पर हर मृत्यु अलग विशिष्ट है। मृत्यु के प्रश्न को अनेक साहित्यकारों ने उठाया। जैनेन्द्र उठाते रहे, पुराने साहित्य ने उठाया—तो पूछना-देखना यही चाहिए कि उसने नया क्या दिया, नया क्या जोड़ा? मनुष्य जन्म लेता है तो उसके दो हाथ, दो पैर, दो कान ही तो होंगे। अब आप कहें कि अरे, यह तो हर बार वही मनुष्य है! अरे भाई, वह अलग थोड़े ही होगा...।

भाषा-अलंकरण के अवयवों, दृश्यों, रंगों आदि को लेकर रचनाकार की अपनी रुचियाँ और पसन्दें कभी-कभी इतनी प्रभावी हो जाती हैं कि उसके लेखन में वे बार-बार आ उपस्थित होती हैं। कुछ ख़ास रंगों, शब्दों, बिम्बों आदि के सन्दर्भ में क्या अपने लेखन के बारे में कभी इस दृष्टि से आपने सोचा है?

मेरे लिए यह बताना मुश्किल है। मैं अपने बारे में अधिक नहीं सोचता। जब मैं लिखता हूँ, एक विषय के अनुरूप लिखने की उस प्रक्रिया में जो शब्द, बिम्ब आते हैं, उनका इस्तेमाल करता हूँ। शुरू में कोई बिम्ब लेकर नहीं चलता कि उसे ही इस्तेमाल करूँ। नहीं, कोई प्रिय-अप्रिय उपमा-बिम्ब नहीं—वही जो उपयुक्त है और मेरे भावों को व्यक्त करने में समर्थ हो सके। न मैं यह चाहता हूँ कि भाषा में अलंकारों, बिम्बों की बहुत भरमार रहे। मैं ऐसा समझता हूँ कि भाषा में जितनी अधिक सादगी रहेगी, उतनी ही अधिक मार्मिक रूपों में वह भावों को शब्दों में व्यक्त कर पाएगी। जिस सीमा तक वह लेखक के प्रयोजन को पूरा करती है, उसका प्रयोग सार्थक होता है। गह कहते दुःख होता है कि जिस भाषा में हमारे साहित्य का सृजन होता है, जिसके माध्यम से एक साहित्यिक कृति अपना वैशिष्ट्य प्राप्त करती है, हममें से अधिकांश अपनी उसी हिन्दी भाषा के प्रति उदासीन और असावधान रहते हैं और सोचते हैं कि भाषा के बारे में सोचना एक कलावादी विलास है। यह वैसी ही दृष्टि है कि कोई मोटर में सैर करना चाहे पर मोटर के भीतर की मशीनरी को मैला-कुचैला रखे और उस पर ध्यान न दे। भाषा में एक सृजनात्मक कृति की समस्त चालक शक्तियाँ निहित होती हैं, जिनके प्रति उदासीन होने का मतलब है—स्वयं कला के प्रति उदासीन होना। साहित्य-भाषा सिर्फ़ एक माध्यम मात्र नहीं है, माध्यम होने पर भी वह एक स्वायत्त शक्ति रखती है। इसलिए हम उसकी ओर बार-बार लौटते हैं।

किसी ख़ास कृति को बार-बार पढ़ते हैं। एक बार के बाद यह नहीं कहते कि इस कलाकृति की उपयोगिता समाप्त। प्रसाद, पन्त, निराला या अज्ञेय की कविताओं की ओर यदि हम बार-बार लौटते हैं तो मतलब यह है कि वह सब हमें आलोचकों से नहीं मिलेगा, जो हमें उन शब्दों, उन रचनाओं से गुज़रने से मिलेगा।

'स्वायत्त शक्ति...कैसे?' मैं पूरी तरह कह भी नहीं पाया था कि जैसे वे मेरा आशय समझ चुके थे। बताना ज़ारी था :

भाषा सीखनी नहीं, इसके प्रति संवेदनशीलता उत्पन्न करनी पड़ती है। हर शब्द की अनेक अर्थ-ध्वनियाँ निकलती हैं और वह अलग-अलग सन्दर्भों में अपना रचनात्मक रूप बदलता रहता है। उस शब्द को किसी स्थान पर रखकर, प्रयुक्त करके अचानक एक अप्रत्याशित अर्थ प्रकट कर देने की क्षमता यदि किसी के पास होती है तो वह बड़ी क्षमता है, उपलब्धि है। तब पाठक के तौर पर हम सोचते हैं कि हमने सोचा नहीं था कि ऐसा भी प्रयोग सम्भव है। पारम्परिक रूप में हम शब्दों को एक ढाँचे में रखते हैं। दुकानदार से कुछ ख़रीदते समय, डॉक्टर से इलाज कराते समय या दफ़्तर में हम इसी तरह की पारम्परिक, टकसाली भाषा प्रयोग करते हैं। साहित्यिक कृति में शब्दों की भूमिका बदल जाती है। वह सिर्फ़ उपयोगितावादी नहीं रहती। साहित्यिक कृति में शब्द माध्यम से ऊपर उठकर शक्ति का स्रोत बन जाता है। यह सबसे बड़ी बात है। सत्य पाने का माध्यम न होकर वह अपने में एक सत्य रूपायित करता है और उस सत्य को पाने के लिए हमें कविता में उसी शब्द के पास जाना होगा। अगर हमें निराला के काव्य में इन शब्दों के आनन्द के पास जाना है तो निराला की इस कविता के पास बार-बार जाना होगा—'बाँधो न नाव इस ठाँव बन्धु/पूछेगा सारा गाँव बन्धु...।' और कहीं इसका विकल्प नहीं मिलेगा।

कलाइयाँ ऊपर की ओर उठकर हथेलियों को ऊँचे, और ऊँचे ले जा रही हैं। सन्धि स्थल से ऊपर की ओर मुड़ी उँगलियाँ हिल-झूमकर नृत्य-सा करती लग रही हैं। चेहरे पर भावभरी मुद्रा निर्मलजी की रीझ को बता रही है। कई बार दोहराई गई हैं ये पंक्तियाँ। और कुछ सुनाना चाह रहे हैं। याद करने में समय लगा है। रीझ और बढ़ चली है। सुनाने में दाद देने जैसा भाव आ मिला है। बन्द आँखों, कलाइयों, हथेलियों और उँगलियों की मुद्राएँ—सुनाई पड़ता है—'वो पंक्ति है न—हाँ, हाँ, देखिए, देखिए—प्रभु जी मोरे अवगुन चित न धरौ... ।' विगलित-से, गलदश्रु से। श्रद्धा-पगा स्वर। ख़ास हो गया था वह क्षण! मैं एक रीझ को रीझते देख रहा था।

देख रहे हैं आप? हर शब्द में रस, सौन्दर्य और सत्य है। ये तीनों अविच्छिन्न रूप से एक-दूसरे के साथ जुड़े हैं। क्या कला के इस अनुपम सत्य को हम कलावादी कहकर ख़ारिज कर सकते हैं?

बोलना रुका तो क्या हुआ, देखने को सामने देखा। उनकी निगाह चुपचुप घड़ी के पास से लौट रही थी—'अब थक गया हूँ। बस, दस मिनट और। आप भी तो थक गए होंगे।' थकने की बात पर पूछ बैठा कि आप टहलने जाते हैं क्या?

हाँ, पहले जाता था। बाहर रहा तो रूटीन बिगड़ गया। अब घूमने नहीं जा पा रहा हूँ।

समय की आपात् कटौती की अचानक घोषणा ने मुझे हड़बड़ा दिया है। जल्दबाज़ी में तब मैंने उनसे उनके लिखने की प्रक्रिया, लेखन सम्बन्धी अनुकूलताओं-प्रतिकूलताओं, लेखन के सर्वाधिक सन्तोषप्रद क्षण तथा भावी योजनाओं एवं महत्त्वाकांक्षाओं के बारे में छोटे-छोटे सवाल किये थे। बीच में कई बार उन्होंने घड़ी की

तरफ़ देखा था। बातचीत को रोक दिये जाने की अपनी इच्छा पर रोक लगाते हुए मेरा मन रखा था, मेरी ज़िद रखी थी।

वे तब कहानी व उपन्यास के लिखने के समय के अपने अनुभव और अन्तर के बारे में बता रहे थे :

सच यह है कि एक बना-बनाया आकार एक ब्लूप्रिंट के रूप में मेरे सामने कभी नहीं आता। अपनी कहानी के कलेवर को मैं टुकड़ों-टुकड़ों में ही देख पाता हूँ। कभी एक कहानी को शुरू करते ही अन्त का आभास मिलता है, पर कभी यह अन्त वहीं नहीं करता जिसका मुझे आभास हुआ था। कहानी मेरे लिए लगे-बँधे विचार से उत्पन्न नहीं होती और शायद ही कभी इस बात से कहानी का सूत्रपात होता हो कि मैंने सचेतन रूप से किसी विशेष विषय के बारे में लिखने का संकल्प किया हो। एक वाक्य में कहा जाए तो मेरे लिए कहानी धुँधली अनुभूतियों के प्रदेश को शब्दों के आलोक में देखना है। दूसरी इसके साथ जुड़ी चीज़ यह है कि ये अनुभूतियाँ, जुड़ने के बाद कोई ऐसा ख़ास पैटर्न या अर्थव्यवस्था बन सकती है, जो मेरे द्वारा आरोपित न होकर स्वयं इन अनुभूतियों के भीतर से सहज गति में उजागर होती हो। और तीसरी चीज़ जो अन्ततः मुझे सन्तोष देती है, वह यह कि अगर अनुभूतियों के इस पैटर्न या अर्थव्यवस्था के भीतर से मनुष्य जीवन के बारे में कोई ऐसा सत्य उपलब्ध हो सके जो केवल इन्हीं अनुभूतियों के अन्तःसम्बन्धों से उत्पन्न हो सकता था। इस सत्य का सम्बन्ध किसी ऐसे आनन्द, शान्ति या समाधान को प्राप्त करने के सुख से नहीं है, जो अक्सर हमें आध्यात्मिक, धार्मिक या दार्शनिक पुस्तकों में मिलता है। मेरे लिए यह पर्याप्त होगा कि यदि यह सत्य हमें मनुष्य के भीतर उमगने वाली अजीब विडम्बनाओं और अन्तर्द्वंद्वों से साक्षात् करवा सके, जो अभी तक अँधेरे में छिपी थीं। उन्हें अँधेरे से उजाले में लाना, चाहे उनका चेहरा कितना ही बीभत्स, भयानक या

कटु क्यों न हो, यही महत्त्वपूर्ण नहीं है, महत्त्वपूर्ण यह है कि उजाले में आकर क्या यह मनुष्य के बिम्ब या मनुष्य के स्वरूप के बारे में कुछ ऐसा जोड़ पाता है जिस सत्य के बारे में मनुष्य ने कभी सोचा नहीं था। आपके दूसरे प्रश्न का उत्तर है—वह कहानी मुझे सन्तोष दे पाती है जो इस तरह उजाले में लाने में समर्थ हो पाती है। तब मुझे लगता है कि मैंने उस बिम्ब को थोड़ा-सा मूर्तिमान कर लिया जिसका आभास कहानी लिखने से पहले मैंने किया था।

हाँ, आजकल—यह जो उपन्यास है अभी अधूरा—उसे पूरा कर रहा हूँ। पुणे में साहित्य सम्मेलन का अधिवेशन होनेवाला है, वहाँ अध्यक्षीय वक्तव्य देना है, उस पर काम कर रहा हूँ। एक कहानी संग्रह तैयार करने की गहरी इच्छा है। पिछले महीने भोपाल में—'साहित्य में विचार कैसे प्रवेश करता है'—इस विषय पर एक निबन्ध पढ़ा था। अक्सर कहा जाता है कि साहित्य, कला अनुभूति का क्षेत्र है और दर्शन-चिन्तन विचार का। इस निबन्ध में मैंने यह बताने की कोशिश की कि अनुभव और विचार में इस तरह वर्गीकरण करना ग़लत है। इससे सृजन और कलात्मक कृति कमज़ोर पड़ती है। पर विचार उसी रूप में कला में प्रविष्ट नहीं होता, जैसे कि दर्शन-चिन्तन में वह होता है। कविता और कहानी में उसकी छाया अत्यन्त परोक्ष व सूक्ष्म ढंग से पड़ती है। वहाँ वह किसी सिद्धान्त को साबित करने के लिए नहीं प्रवेश करता, बल्कि किसी अनुभव को एक अप्रत्याशित दिशा में मोड़ सकने में ज़रूर योगदान देता है।

देखिए, अब बस!

छह तीस में अभी पाँच मिनट बाक़ी थे। और उसने ही किया था। शायद, शायद इसलिए कि मैं अब और सवाल न करूँ।...'आप टेपरिकॉर्डर नहीं रखते?...अच्छा है, ठीक है...इतना लिख ही लेते हैं...बहुत अच्छा है...।'

निर्मल जी अपनी लय, फुर्ती, अनुशासन और प्रसन्न मुस्कान के साथ हाथ जुड़ी मुद्रा में दरवाज़े पर खड़े थे। प्रणाम निवेदन और आभार प्रदर्शन के बाद जब मैं बाहर आया तो मेरी निगाहें एक बार फिर दीवार की उन आकृतियों और पानी भरे मिट्टी के उस पात्र तक गई थीं। मैं एक नहीं, दो-दो साहित्य-साधकों की साधना स्थली के, एक पवित्र तीर्थ के दर्शन करके लौट रहा हूँ।

भूमंडलीकरण के दौर में साहित्य की जातीय-संस्कृति और व्यक्ति चेतना

बीसवीं शताब्दी अपनी अनेक असाधारण विशेषताओं से जानी जाएगी, विज्ञान की अभूतपूर्व प्रगति, औद्योगिकी और प्राविधिक यंत्रों का चकाचौंध कर देनेवाला विकास, मानव संहार के विनाशकारी साधन—हम सब इनसे परिचित हैं। किन्तु जो चीज़ अक्सर आँखों से ओझल रहती है, जो पिछली किसी शताब्दी में इतनी मुखर होकर सामने नहीं आई थी—वह है परिवर्तन की स्वचालित गति की स्वायत्तता, जो अपने अन्तर्निहित नियमों द्वारा परिचालित होती है। मनुष्य उसका संचालक अवश्य है, किन्तु एक सीमा के बाद परिवर्तन का संवेग उसकी इच्छा और संकल्पशक्ति पर नहीं, ख़ुद अपनी लौहवत् अनिवार्यता में चलता जाता है। घटनाएँ होती हैं, इसलिए नहीं कि मनुष्य उन्हें चाहता है, इसलिए भी नहीं कि वे उपयोगी और वांछनीय हैं, बल्कि वे अपने होने की परवशता में आबद्ध हैं। मध्ययुगीन दुनिया में मनुष्य की संकल्पशक्ति को ईश्वरीय सेंक्शन या

समर्थन प्राप्त रहता था जिसके चलते दुनिया में होनेवाली घटनाएँ भी एक तरह की वैधता अर्जित कर लेती थीं। पिछले तीन सौ वर्षों में इतिहास की विचारधाराओं ने ईश्वरीय सत्ता को निष्कासित करके परिवर्तन की एक क्रमबद्ध दिशा निर्धारित की थी। जो एक अन्धी गली के मोड़ पर जाकर लुप्त हो चुकी है, एक समय जहाँ ईश्वर की मृत्यु की घोषणा हुई थी, आज वहाँ 'इतिहास के अन्त' की बात कही जाती है। हम एक विकट विरोधाभास में जीते हैं, जहाँ मनुष्य जितना अधिक शक्तिशाली होता गया है, उस शक्ति का स्रोत उतना ही अधिक सन्दिग्ध और धूमिल पड़ता गया है। इससे परिवर्तन की प्रक्रिया में कोई शिथिलता अथवा धीमापन नहीं आया है। घटनाएँ अब भी होती हैं किन्तु अब उनका उत्स मनुष्य की विवेक दृष्टि, उसके अन्त:करण में न होकर उन अमूर्त शक्तियों द्वारा निर्धारित होता है, जिस पर उसका अपना कोई वश नहीं। वे मनुष्य की इच्छा पूरी करती हों, यह बात अलग है, किन्तु मनुष्य उन्हें अपनी इच्छा से संचालित करता है, यह कहना कठिन है।

मेरे विचार में जिसे हम दुनिया का भूमंडलीकरण कहते हैं, वह एक ऐसी ही घटना है।

पर वह बिलकुल नई घटना भी नहीं है। वह मनुष्य की एक गहरी, पुरातन आकांक्षा को पूरा करती है। जो अंग्रेज़ी कवि जॉन डन की उन प्रसिद्ध पंक्तियों में प्रतिध्वनित होती है—कोई मनुष्य अकेला द्वीप नहीं है, वह सतत अपने को शेष से जोड़ने का स्वप्न देखता है। वह दूसरे के भीतर सम्पूर्णता पाकर ही अपना अधूरापन दूर कर सकता है।

यदि आप मुझे अपने व्यक्तिगत जीवन का उदाहरण देने की अनुमति दें तो मैं कह सकता हूँ कि अपनी युवा अवस्था में यदि मैं कम्यूनिज़्म के प्रति इतना गहन रूप से आकर्षित हुआ, तो उसमें समता, न्याय और मानवीय स्वतंत्रता जैसे कारण तो थे ही। एक अन्य आदर्श भी था, जिसका दूसरी विचारधाराओं में लगभग अभाव था, और वह था—

अन्तरराष्ट्रीय भ्रातृत्व भाव। आज शायद आपको यह बात कुछ विचित्र या हास्यास्पद जान पड़े—किन्तु उन दिनों समाजवादी होने का मतलब ही यह था कि आप केवल एक देश या राष्ट्र के सदस्य नहीं, बल्कि एक विराट् मानवीय जनसमूह से सम्बद्ध हैं। दुनिया में रहनेवाले हर शोषित मनुष्य की पीड़ा के सहभागी और सहभोक्ता। जाति, रंग और देश के ऊपर एक ऐसा सार्वभौमिक आदर्श हमें उन्मादित करता था जो मानवता को अलग-अलग गुटों-गिरोहों में विभाजित न करके एक मानवीय इकाई के रूप में प्रस्तुत करता था। उन्हीं दिनों की मुझे एक दूसरी घटना याद आती है। शायद आपमें से कुछ लोगों को याद होगा—मेरी पीढ़ी के समकालीन तो कम-से-कम उस व्यक्ति को न भूले होंगे जिन्होंने दूसरे विश्वयुद्ध के दौरान एक छोटी-सी संक्षिप्त, किन्तु असंख्य मूक पीड़ित लोगों की प्रच्छन्न आकांक्षाओं को वाणी देनेवाली पुस्तक लिखी थी, जिसका शीर्षक था—'वन वर्ल्ड'—एक दुनिया और उसके लेखक थे—वैंडल विल्की, जिनके गहरे प्रशंसक स्वयं हमारे देश में जवाहरलाल नेहरू थे। शायद आज उस अमेरिकी पत्रकार के साहसी, एकाकी अभियान को कोई याद भी नहीं रखता, पर उन दिनों उनकी लोकप्रियता विश्वव्यापी थी। क्योंकि उन्होंने युद्धत्रस्त दुनिया की उत्कट आकांक्षा को बहुत ही सरल हृदयस्पर्शी शब्दों में प्रकट किया था... भला कौन इस सीधे-से पारदर्शी सत्य से इनकार कर सकता था, कि देश भले ही अनेक हों, दुनिया एक है—जहाँ एक-दूसरे के साथ रहने के अलावा, कोई दूसरा विकल्प नहीं है।

किन्तु शब्द चाहे कितने सरल और स्पष्ट क्यों न हों, उनके भीतर सत्य की खनक तब तक गुंजायमान नहीं होती, जब तक उनके पीछे मानवीय अनुभव की घनीभूत अनिर्वचनीय आकांक्षा निहित नहीं होती। 'एक दुनिया' के आदर्श के पीछे राष्ट्रों के परस्पर वैमनस्य और स्पर्धा का आत्मघाती अनुभव था, जिसने दूसरे विश्वयुद्ध के महासंहार को जन्म दिया था।

ध्यान से देखें, तो वैंडल विल्की की एक दुनिया और मार्क्स के प्रसिद्ध आह्वान 'दुनिया के श्रमिको, एक हों'—इन दोनों के बीच समय का अन्तराल भले ही हो, मनुष्य की यह आकांक्षा शाश्वत रही है, जो महाभारत युद्ध से बीसवीं शती के नरसंहार तक चली आई है कि किस तरह रक्तरंजित विभाजित पृथ्वी को मनुष्य के शान्तिपूर्ण आवास-स्थल में परिणत किया जा सके।

यहाँ दो शब्द उल्लेखनीय हैं—पृथ्वी और आवास-स्थल। आज की आधुनिक शब्दावली में, जिसे दुनिया का भूमंडलीकरण कहा जाता है, उसमें दोनों ही परोक्ष रूप से शामिल हैं। समूचे ब्रह्मांड में हमारी धरती ही एकमात्र ऐसी है, जो प्रकृति का अंग होते हुए भी, मनुष्य के जीवन को ही नहीं, समूचे जीव-प्राणी जगत् को, सम्भव बनाती है। मनुष्य प्रकृति का अंश भी है, और उसे रूपांतरित करने का उपकरण भी। पृथ्वी को मानवीय कृति में, रूपांतरित करने की प्रक्रिया में संस्कृति का जन्म होता है। संस्कृति एक तरह से मनुष्य की आत्मरचना है। जीवन-जगत् के बीच रहता हुआ भी मनुष्य, यदि उससे कुछ अलग और ऊपर है, तो इसलिए कि वह केवल निष्क्रिय भोक्ता ही नहीं, सजग आत्मद्रष्टा भी है। वह जिस आँख से अपने को देखता है, उससे उसे अन्य भी दिखाई देता है, जिसके द्वारा वह देखा जा रहा है।

मनुष्य के आत्मबोध में 'अन्य' अनिवार्य रूप से समाहित है... उसके अभाव में उसका 'आत्म' अपने में एक आत्म-छलना है। मनुष्य के बारे में यह अन्तर्दृष्टि भारतीय परम्परा की एक अनुपम देन रही है।

यदि आज हम दुनिया को एकीकृत करने के समस्त प्रयासों के बावजूद विभाजित पाते हैं, तो क्या उस आत्म-छलना का परिणाम नहीं है, जिसके कारण मनुष्य स्वयं आत्म-विभाजित स्थिति में जीता है? मार्क्स का स्वप्न कि मनुष्य के शोषण का अन्त हो जाने से मानवता स्वत: एक हो जाएगी, इसलिए विफल नहीं हुआ कि वह शोषण के ऐतिहासिक कारणों

को नहीं समझते थे, बल्कि इसलिए कि वह इतिहास से अलग मनुष्य को अपनी समग्रता में नहीं देख पाते थे। इतिहास की यह क्रूर विडम्बना ही मानी जाएगी, कि मार्क्सवाद की असफलता सोवियत व्यवस्था के पतन में नहीं, अमेरिका की सफलता में निहित है, जहाँ समस्त आर्थिक सुविधाओं के बावजूद मनुष्य अपने को आत्मनिर्वासित—मार्क्स का शब्द इस्तेमाल करें तो सेल्फ़ एलिएनेशन की अवस्था में पाता है। और जब मैं अमेरिका का नाम लेता हूँ तो, वह दुनिया के एक भूखंड, एक देश के नाम के तौर पर उतना नहीं, जितना एक 'रूपक' के रूप में, जिसमें पश्चिमी दुनिया अपने को आर्थिक विकास और भौतिक सम्पन्नता के चरमोत्कर्ष पर पाती है, यही नहीं, वह पश्चिमी सभ्यता के मूल्यबोध, आचार-संहिता और नैतिक मान-मर्यादाओं का प्रतीक भी है। विश्व संस्कृति का केन्द्र-बिन्दु जिसके इर्द-गिर्द समूचा भूमंडल घूमता दिखाई देता है, एक ऐसा मैग्नेटिक फ़ील्ड, जिसकी ओर पूर्व और पश्चिम के समस्त देश खिंचते चले आते हैं। कहने को भूमंडलीकरण की प्रक्रिया समूची दुनिया को अपने में समाहित करती है, किन्तु कौन नहीं जानता, उसकी चालक शक्ति का मूल स्रोत पश्चिमी सभ्यता के रथ से जुड़ा है, जिसके दोनों पहिये—सार्वभौमिकता और समांगता, ये विकास के राजपथ पर एक साथ भागते चलते हैं?

आप देखेंगे कि इससे बिलकुल अलग एकता की वह भ्रातृत्व भावना है, जिसका उल्लेख हमने ऊपर किया था—वह जिस वैश्विक कुटुम्ब की परिकल्पना करती है, उसके केन्द्र में किसी एक संस्कृति-विशेष की प्रभु सत्ता नहीं है, वह दुनिया के विभिन्न सांस्कृतिक स्रोतों से अपनी जीवन्त प्राणवत्ता ग्रहण करती है। वह किसी एक विश्वदृष्टि या मूल्य व्यवस्था की कसौटी पर मनुष्य के विश्वासों, आस्थाओं और नैतिक भाव-बोध का आकलन नहीं करती। भौगोलिक नक़्शे पर दुनिया भले ही एक भूमंडल के रूप में दिखाई देती हो, किन्तु उसकी सीमाओं में हम

अनेक दुनियाओं से साक्षात् कर सकते हैं, जो मनुष्य की अनेकानेक छवियों को अप्रत्याशित रूप से प्रकट करती है। मनुष्य एक जैसा ही होता है, पर हर संस्कृति में मनुष्य होने का अनुभव, अपने 'स्व-रूप' की छवि एक जैसी नहीं होती। मनुष्य यदि गुणात्मक रूप से, एक दूसरे से भिन्न होता, तो एक होने की आकांक्षा ही उत्पन्न न होती। और यदि पूर्ण रूप से समान होता, तो उसकी आवश्यकता महसूस नहीं होती। मनुष्यों के बीच साम्य और भिन्नता एक साथ मौजूद रहते हैं। इसलिए हर संस्कृति की मूल संवेदनाएँ एक जैसी होती हुई भी, अपने प्रत्यक्षीकरण में बहुत भिन्न हो सकती है, जिनका साक्ष्य हमें उनके साहित्य और कलाओं में मिलता है। हर संस्कृति की विशिष्टता जहाँ उसके पार्थक्य में निहित होती है, वहाँ उसकी सार्वभौमिकता उसके साहित्य में वास करती है। किसी संस्कृति की बनावट में, ये दोनों प्रवृत्तियाँ क्रियाशील रहती हैं, एक-दूसरे की विरोधी नहीं, पूरक बनकर आती हैं। दोनों के नाजुक सन्तुलन में ही, मनुष्य एक अविभाज्य सत्ता के रूप में, अपने को धरती पर जीने का अधिकारी पाता है। भूमंडलीकरण के झंझावत में क्या यह सन्तुलन क़ायम रह सकेगा?

यह सही है कि पिछले वर्षों में सुदूर देशों के लोग, जितना अधिक एक दूसरे के सान्निध्य में आए हैं, उतना पहले कभी नहीं। दुनिया का कोई ऐसा कोना नहीं, जो मनुष्य के लिए अगम्य हो। संचार साधनों के क्रान्तिकारी विकास के कारण, सम्प्रेषण की भावना इतनी प्रशस्त हो गई है कि कोई चाहे भी, तो भी, एक दूसरे की परिस्थिति से बेख़बर नहीं रह सकता। दुनिया सचमुच एक 'गाँव' में सिकुड़ गई है, जहाँ घर बैठे हम सुदूर देशों में बसे प्राणियों की दु:ख और विपदा में प्रत्यक्ष रूप से साझा नहीं कर सकते, तो उसके प्रति तटस्थ भी नहीं रह सकते। प्रश्न उठता है, इस सबके बावजूद मनुष्यों, जातियों, राष्ट्रों के बीच इतना वैमनस्य और वैषम्य क्यों? इतने पास आकर भी इतनी दूरी?

क्या मनुष्य के मनुष्यत्व के भीतर, कोई विषैला कीड़ा तो नहीं, जो उसे जितने दूसरों के निकट लाता है, अपने प्रति उतना ही अजनबी बना देता है? क्या कारण है कि भौगोलिक सीमाओं का अतिक्रमण करने के बाद भी मनुष्य अपना अतिक्रमण नहीं कर पाता?

पिछले वर्षों में हमने देखा है—कैसे हर सुन्दर मानवीय आकांक्षा, जब मनुष्य के अन्त:स्थल से बाहर निकलकर इतिहास की रोशनी में चरितार्थ होती है, तो अपने मौलिक स्वरूप से, स्खलित होकर एक विद्रूप, एक कैरीकेचर, एक भयावह विकृति के रूप में ही प्रकट होती है। किसी भी राष्ट्र और जाति का सदस्य, अपनी भाषा, परम्परा और ऐतिहासिक पृष्ठभूमि के कारण, अपनी अलग जातीय अस्मिता—आज की शब्दावली में कहें तो, ethinic identity पर गर्व कर सकता है। किन्तु क्या इसी कारण वह एक अहंग्रस्त, आक्रामक, जातीय असहिष्णुता—ethinic aggressiveness—का शिकार नहीं हो जाता, जहाँ दूसरे को नष्ट करके ही अपनी अस्मिता की रक्षा की जाती है? भूमंडलीकरण की आलोचना हम इसलिए करते हैं—और ठीक ही करते हैं—कि उसके वर्चस्व तले मनुष्य अपनी जातीय विशिष्टता, गँवाकर एक स्मृतिहीन, अनैतिक, मशीनी, मानवीय पुतला बनकर रह जाता है, हाड़-मांस का जीता-जागता विवेकशील मनुष्य नहीं। तो उसके बरअक्स अपनी जातीय अस्मिता में जीता व्यक्ति क्या सही अर्थों में अधिक उदार, उत्कृष्ट, बेहतर मनुष्य बन जाता है? हमारी दुनिया सचमुच एक गाँव (global village) में बदल गई है। पर क्या यह वैसा ही गाँव है, जिसे गांधीजी ने अपने अन्तिम वर्षों में, हिन्द-स्वराज का हवाला देते हुए, अपनी 'कल्पना का गाँव' कहा था, जिसमें मनुष्य अपनी आत्मा के अनुरूप 'परतत्त्व और अनात्म' से मुक्त जीवन बिता सके?

मुझे लगता है, भूमंडलीकरण की बहस अधूरी रहेगी, यदि हम आज इस प्रश्न का सामना सीधे-सीधे नहीं कर पाते क्योंकि वह हमें

सीधे मनुष्य की प्रकृति, उसके सत्य, उसके मनुष्यत्व, धरती पर उसके होने के अर्थ की ओर ले जाता है।

मनुष्य का आत्यन्तिक मूल स्वरूप क्या है, यह प्रश्न आज इसलिए भी महत्त्वपूर्ण हो गया है, क्योंकि पिछले तीन सौ वर्षों के दौरान, पश्चिमी यूरोपीय सभ्यता ने मनुष्य की जिस छवि को गढ़ा है—एक ऐसे आत्मकेन्द्रित, आक्रामक, सेक्यूलर मनुष्य की छवि, जो समूची प्रकृति और प्राणी-जगत् पर प्रभुत्व प्राप्त करके अपने को समूची सृष्टि के केन्द्र में अवस्थित करता है। मनुष्य की इस एकांगी अवधारणा को—भूमंडलीकरण के नाम पर—अन्य ग़ैर-यूरोपीय परम्पराओं पर आरोपित करना कहाँ तक उचित है, जहाँ मनुष्य की परिकल्पना नितान्त अलग सांस्कृतिक परिप्रेक्ष्य में की गई है?

हर संस्कृति का मूल चरित्र इस बात पर निर्भर करता है कि उसके मनुष्य का सम्बन्ध अन्य जैविक, प्राकृतिक, दैवी सत्ताओं से किस स्तर और रूप में, प्रकट होता है...और चूँकि इन अन्त:सम्बन्धों का पैटर्न हर संस्कृति में अलग रूप से विशिष्ट होता है, इसलिए इनके भीतर से उभरनेवाली मनुष्य की छवि भी एक ख़ास संस्कृति की छाप लिए होती है...दुनिया की साहित्यिक और कलात्मक कृतियों में, जो इतने व्यापक पैमाने पर विविधता दिखाई देती है, उसका कारण ही यह है कि उसके सांस्कृतिक प्रेरणास्रोत एक-दूसरे से इतना भिन्न हैं...भिन्न पर अन्तर्गुम्फित भी, क्योंकि मनुष्य का रूप हर संस्कृति में बदलता रहे, उसका अस्तित्व एक समान रहता है। इसलिए काल, देश और भाषा का अतिक्रमण करके वे हमारी शुद्ध मानवीय संवेदनाओं को इतने गहन स्तर पर आलोड़ित कर पाती है। सोफ़ोक्लीस का नायक ईडिपस हो या 'महाभारत' के धर्मराज युधिष्ठिर, हैमलेट हो या मदाम बॉवेरी, प्रेमचन्द का होरी अथवा काफ़्का का नायक जोसेफ़...ये नाटकों, महाकाव्यों, उपन्यासों के महज़ पात्र नहीं हैं, वे मनुष्य के समग्र, घनीभूत अनुभवों को—

प्रेम, आकांक्षा और मृत्यु के शाश्वत रहस्यमयता को विभिन्न कोनों से उद्घाटित करते हैं। वे उन नक्षत्रों की तरह हैं, जो अपने एकान्त में मानवीय अनुभवों के सौरमंडल में जगमगाते हैं, किन्तु उनका प्रकाश हर युग और देश के प्राणी के यात्रा-पथ को आलोकित कर देता है।

उल्लेखनीय बात यह है—जिसे मैं यहाँ रेखांकित करना चाहूँगा—कि विश्व-साहित्य के ये चरित्र-नायक किसी 'ग्लोबल' संस्कृति की प्रयोगशाला या लैबोरेटरी की उपज नहीं हैं—वे विभिन्न संस्कृतियों की लम्बी परम्परा में रसे-पगे मनुष्य की सर्वांगीण जीवन-दृष्टि से अनुप्राणित हैं, इसलिए अपनी सर्वव्यापी अर्थवत्ता में विशिष्ट भी हैं और सार्वभौमिक भी। साहित्य की ये कालजयी कृतियाँ किसी एक संस्कृति-विशेष के वर्चस्व में ढली 'भूमंडलीय' छवि को समूची मानवता पर आरोपित नहीं करतीं। विभिन्न होते हुए भी सादृश्य, सादृश्य होते हुए भी विशिष्ट, अपनी असाधारण विलक्षणता में भी सर्वसुलभ। यह सिर्फ़ उस परम्परा में सम्भव हो पाता है यहाँ रामचन्द्र शुक्ल के शब्दों में 'विरुद्धों का सामंजस्य' सहज रूप से मनुष्य की चेतना में क्रियाशील रहता है। साहित्य में यदि यह चेतना सहज रूप से प्रवाहित होती है तो इसका कारण उसका स्वाधीन होना है। सिर्फ़ स्वाधीन चेतना किसी पूर्व-निर्धारित नियमों या सिद्धान्त या अवधारणा द्वारा अनुशासित नहीं होती, अपनी अराजक उच्छृंखलता के कारण नहीं, बल्कि मनुष्य की अप्रत्याशित सम्भावनाओं के कारण, जो किसी कृति में मनुष्य का कौन-सा रूप उद्घाटित करेगी, कहना असम्भव है।

प्राचीन पैगन संस्कृतियों में—जिनमें भारतीय संस्कृति का विशेष स्थान रहा है—धरती पर मनुष्य अकेला वास नहीं करता, वह अनेक जीव-जन्तुओं और देवी-देवताओं के सान्निध्य में प्रकृति के साथ एक आत्मीय सम्बन्ध बनाकर जीवन-यापन करता है। मनुष्य का सम्बन्ध मनुष्येतर के साथ इतना सघन और सजीव होता है, कि दोनों के बीच किसी तरह की विभाजन-रेखा खींचना असम्भव है।

मनुष्य की चेतना केवल 'मानवीय लोक' तक सीमित न रहकर तीनों लोकों का स्वतंत्र विचरण करती है और इस यात्रा के दौरान जिन अनमोल अन्तर्दृश्यों को खींचकर लाती है, उन्हें अपनी कला और काव्य-कृतियों में मूर्तिमान करती है। इन कृतियों में मनुष्य अपनी लौकिक सीमाओं का अतिक्रमण कर जिन अतिमानवीय शक्तियों से साक्षात् करता है, जिनमें मनुष्य के अनुभूति लोक के ऐसे पक्ष उजागर होते हैं, जिन्हें आज की वैज्ञानिक, भौतिक, सेक्यूलर सभ्यता ने अपनी अन्तश्चेतना के अँधेरे अंडरग्राउंड में फेंक दिया है। सच पूछा जाए, तो इन प्राचीन, परम्परागत संस्कृतियों के पौराणिक, मिथकीय चरित्र उन अज्ञात दैवी शक्तियों के प्रतीकों के माध्यम से मनुष्य की विभिन्न प्रतिमाओं को गढ़ते हैं, उनकी प्रच्छन्न अन्त:शक्तियों की कल्पना आधुनिक दुनिया का तर्कशील मनुष्य शायद ही कर पाएगा। पिछले तीन सौ वर्षों में यूरोपीय सभ्यता ने जिस निर्भयता से इन यूरोपेतर संस्कृतियों का विनाश किया है, यह सर्वविदित है। किन्तु यह बहुत कम लोग जानते हैं, कि एक संस्कृति के लुप्त हो जाने से मनुष्य की एक विशिष्ट छवि भी हमेशा के लिए तिरोहित हो जाती है...स्वयं मनुष्य की अपने बारे में अन्तर्दृष्टि—जो उस संस्कृति की अनमोल निधि थी, स्मृति से ओझल हो जाती है। सुविख्यात फ्रेंच नृतत्त्वशास्त्री लेवी स्ट्रॉस ने एक बार कहा था, कि जब किसी पौधे की नस्ल नष्ट हो जाती है, तो उसे कभी पुन: जीवित नहीं किया जा सकता। वह हमेशा के लिए संसार से लुप्त हो जाता है...क्या यही बात और भी गहरी सच्चाई के साथ किसी परम्परा की अनूठी विलक्षणता पर लागू नहीं होती, जो धरती से विलुप्त होने पर हमेशा के लिए नष्ट हो जाती है? आज धरती के नीचे न जाने कितनी संस्कृतियों के अवशेष दबे पड़े हैं...हर अवशेष के साथ मनुष्य का एक विस्मृत चेहरा दबा है, उन विस्मृत देवताओं की तरह, जिनकी खंडित मूर्तियाँ संग्रहालयों में दिखाई देती हैं।

हमारा सौभाग्य कहिए कि यह इतिहास का दुर्लभ संयोग है कि अनेक आक्रमणों की विनाशलीला के बावजूद बीसवीं शती में, भारतीय संस्कृति अपनी परम्परागत स्मृतियों और आस्थाओं के साथ आज भी बची है—किन्तु किसी संस्कृति का बचे रहना, उसके जीवित रहने का प्रमाण नहीं बनता—वह तभी बनता है जब वह मनुष्य के सम्बन्ध में, अहंग्रस्त, चालू अवधारणाओं को चुनौती देने की सामर्थ्य जुटा सके। भूमंडलीकरण के वर्तमान दौर में, जहाँ पश्चिमी सभ्यता ने लगभग समूची मानवीय चेतना को स्वार्थग्रस्त, सुविधाभोगी मूल्यों द्वारा आविष्ट कर लिया है, भारतीय संस्कृति ही मेरे विचार में एकमात्र ऐसी वैकल्पिक छवि प्रस्तुत कर सकती है, जिसके आलोक में मनुष्य अपनी उन अन्तर्हित सम्भावनाओं को उजागर कर सके, जो तेज़ी से विलुप्त होती जा रही हैं।

एक दूसरी ज़िन्दगी

कभी-कभी हम पुराने घनिष्ठ मित्रों के बारे में सोचते हैं, कि उनसे पहली बार कब मिलना हुआ था और स्मृति खरोल-परोल करने पर भी 'पहली बार' की मुलाक़ात याद नहीं आती। लगता है, हम उन्हें हमेशा से जानते आए थे। उनकी पहचान किसी 'प्रथम परिचय' के घेरे में फिट नहीं हो पाती।

पुस्तकों से मेरा नाता कमोबेश कुछ वैसा ही रहा है।

स्कूल में परीक्षाओं के बाद नई कक्षा में जाने का उत्साह इसलिए नहीं होता था कि नये मित्र बनेंगे अथवा पुराने अध्यापकों से छुटकारा मिलेगा, बल्कि इसलिए कि हम गोल मार्केट वाली दुकान इंडियन बुक डिपो से नई, अनजानी पुस्तकें ख़रीद पाएँगे। जब हम नई पुस्तकें लेकर लौटते थे, तो लगता था, जैसे हम कोई ख़ज़ाना लूटकर ला रहे हों! बरसों बाद भी मैं प्रूस्त के मेडलिन की तरह उन नई ताज़ा ख़रीदी हुई पुस्तकों की गन्ध याद कर सकता हूँ। सिर्फ़ अपनी ही नहीं, दूसरे भाई-बहनों

की पुस्तकों पर भी मेरी ललचाई, गिद्ध-दृष्टि जमी रहती थी। मेरी बड़ी बहन बहुत मेधावी छात्रा थीं। हर वर्ष उन्हें परीक्षाओं में प्रथम पोज़ीशन लाने पर रंग-बिरंगे काग़ज़ों में लिपटी पुस्तकें इनाम में मिलती थीं। वह बेचारी उन्हें खोल भी नहीं पाती थीं कि उन्हें हथियाकर मैं अपने कमरे में ले जाता था, और मन भर पढ़ने के बाद ही उन्हें वापस लौटाता था।

यह भीतर का अकेलापन था, या बीमारी, या बचपन का पागलपन, कहना मुश्किल है। अगर व्यसन था, तो वह आज तक चला आता है। किताबें मेरी 'दूसरी ज़िन्दगी' रही हैं, मेरी अपनी ज़िन्दगी के समानान्तर चलती हुई। किसी अच्छी कहानी या उपन्यास पढ़ने के बाद मुझे बाहर की दुनिया कुछ वैसी ही दिखाई देती थी, जैसे बहुत बारिश होने के बाद बादल छँटते ही शिमला के पहाड़ दिखाई देते थे। बाद में मैंने पाया कि किताबें मन का शोक, दिल का डर या अभाव की हूक कम नहीं करतीं, सिर्फ़ सबकी आँख बचाकर चुपके से दुखते सिर के नीचे सिरहाना रख देती हैं।

कुछ पुस्तकों के साथ कैसे कुछ शहर याद रह जाते हैं...! शिमला जाते हुए जब अम्बाले का स्टेशन बीच में आता है तब मुझे अपने बाबा की बीमारी के अन्तिम दिन याद आते हैं। मैं माँ के साथ उनके घर कुछ दिन रहने गया था। वह भीतर के कमरे में माँ से अपनी व्यथा-गाथा कहते थे और मैं बाहर बरामदे में बैठा नेहरू जी की पुस्तक 'विश्व इतिहास की झलकें' पढ़ा करता था, जो उन्होंने नैनी जेल से पत्रों के रूप में अपनी बेटी इन्दिरा को लिखे थे। अम्बाला की लम्बी दुपहरों में मैंने कितने सुदूर देशों की यात्रा कर डाली थी। आज भी जब कभी बनारस या कलकत्ता जाते हुए मुग़लसराय का स्टेशन आता है, तो मुझे हर बार शरत बाबू का उपन्यास 'गृहदाह' याद हो आता है, जहाँ महिम की पत्नी को उसका मित्र सुरेश अपने साथ ले जाता है और अचला (शायद यही उसका नाम था) रेल के डिब्बे में बैठी अपने पति की प्रतीक्षा करती रहती है।

और वह रात जब मैं पहली बार मास्को गया था। एयरपोर्ट से शहर आते हुए खेतों का विस्तार चाँदनी में नहा रहा था और देखिए मेरा पागलपन, बस की खिड़की से बाहर देखते मैं सोचने लगा, यहीं कहीं वह 'वार एंड पीस' की कॉटेज होगी, जहाँ आन्द्रे ने पहली बार नताशा के प्रति अपने प्रेम को पहचाना था। नींद न आने पर वह कहीं इसी ओक वृक्ष की छाल को छू रहे होंगे। जवान नताशा ऊपरी मंज़िल के बरामदे में खड़ी उन्हें देख रही थी...। बस की खिड़की से मैं बरसों पहले पढ़ी दुर्दान्त प्रेम-कथा को सौ वर्ष बाद रूस की चाँदनी में चरितार्थ होता हुआ पा रहा था।

स्कूल के अन्तिम दिनों में जब हम बचपन के खुले आँगन को पीछे छोड़ किशोरावस्था के स्वप्निल, ज्वरग्रस्त बीहड़ में प्रवेश करते हैं, तो सहसा किताबों की दुनिया भी बदल जाती है। मुझे याद है, उन दिनों ही हमने हार्डी के उपन्यास, चेख़ॅव की कहानियाँ, तुर्गनेव का अविस्मरणीय 'फ़ादर एंड संस' पढ़े थे। किन्तु जिस पुस्तक ने हमें एकबारगी झिंझोड़ डाला था (क्या आज कोई विश्वास करेगा?) वह था रोमा रोलाँ का विराट् ऐपिक उपन्यास 'ज्याँ क्रिस्तोफ', जिसका नाम आज शायद ही कोई जानता हो। मेरे मित्रों के लिए वह एक तरह से 'कल्ट पुस्तक' बन गई थी। मेरे भाई रामकुमार ने वह उपन्यास मॉडर्न लाइब्रेरी सीरीज़ से ख़रीदी थी, जो उन दिनों दुनिया का क्लासिक साहित्य प्रकाशित करने के लिए विख्यात थी। मैं आज भी उसकी हल्की नीली ज़िल्द और पतले काग़ज़ के पन्ने याद कर सकता हूँ। मेरे मित्र स्वामी, कपिला जी, कपिला जी की माँ सत्यवती जी (जिनके घर में साहित्यिक गोष्ठियाँ होती थीं), बनारसीदास चतुर्वेदी, वात्स्यायन जी—कौन ऐसा साहित्य प्रेमी था जिसने उन दिनों वह पुस्तक न पढ़ी थी? ऊपर से शायद हम कहते हुए सकुचाते थे, किन्तु उन दिनों हम सबके भीतर छिपी हुई साध ज्याँ क्रिस्तोफ जैसा बनना था—कलामर्मज्ञ, पियानोवादक,

उदात्त मानवीय आदर्शों का जाज्वल्यमान प्रतीक। आज सोचता हूँ तो यह संयोग नहीं जान पड़ता कि कुछ वर्षों बाद जब मैं कम्यूनिस्ट पार्टी की ओर आकर्षित हुआ, तो मार्क्स और लेनिन की पुस्तकें पढ़कर नहीं, बल्कि ज्याँ क्रिस्तोफ जैसे सुन्दर, संवेदनशील आदर्शों के स्वप्न में जीनेवाले युवक की जीवन-गाथा पढ़कर। मेरे मित्र स्वामीनाथन अक्सर उपन्यास का वह वाक्य दुहराते थे, जो हमारे जीवन का चरम सत्य बन गया था : 'हर व्यक्ति अकेला ही सत्य की मशाल लेकर अँधेरे में चलता है।'

उस बात को पचास वर्ष से अधिक गुज़र चुके हैं; आज सोचता हूँ, जिस पुस्तक को आज लगभग सब भूल चुके हैं, उसका यह वाक्य आज भी मेरे भीतर एक मोमबत्ती की लौ की तरह सुलगता रहता है।

यह भी एक दैविक संयोग जान पड़ता है कि अचानक जीवन के किसी मोड़ पर कोई ऐसी पुस्तक हाथ लग जाती है जिसे हमने जानबूझकर नहीं चुना किन्तु जिसे जैसे स्वयं मालूम हो कि हमारी आत्मा किस तृष्णा की आग में उसके लिए झुलस रही है, और वह ख़ुद चलकर हमारे हाथ में चली आती है और हमें लगता है कि हम अभी तक इसी की प्रतीक्षा तो कर रहे थे। अज्ञेय के 'शेखर' को पढ़ना कुछ ऐसा ही अनुभव था; अपनी हिन्दी में भी ऐसी पुस्तक लिखी जा सकती है, यह एक चमत्कार-सा जान पड़ा था। महीनों तक उसकी भाषा और शैली का नशा मेरे मन पर छाया रहा...। अच्छी कहानियाँ प्रेमचन्द, सुदर्शन, जैनेन्द्र की पहले भी पढ़ी थीं किन्तु 'शेखर' का प्रभाव उसके 'कहानीपन' में नहीं, उस भभकती इंटेंसिटी में था, जो शब्दों की आँच से हमारे भाव-जगत् को धीरे-धीरे उबालने लगती है। 'मानसबल का वक्ष, रात' यह एक वाक्य आज भी तीर की तरह बिंधा है। पहली बार हिन्दी कथा साहित्य में प्रकृति सिर्फ़ पृष्ठभूमि नहीं, स्वयं पात्रों की 'प्रकृति' में साझा करती जान पड़ती है। इसलिए यह आकस्मिक नहीं जान पड़ता कि उन दिनों यह ख़बर ज़ोरों पर थी कि 'शेखर' पर 'ज्याँ क्रिस्तोफ'

का गहरा असर है—शायद संवेदन के स्तर पर भले ही उसकी छाया अज्ञेय पर पड़ी हो किन्तु भाषा के ओज और व्यक्ति की आदर्शवादिता के अलावा दोनों में कोई साम्य नहीं दिखता।

कुछ किताबों की स्मृति उनके पन्नों से उठकर हमारी ज़िन्दगी की ज़िल्द में बँध जाती है। मैं उन दिनों सेंट स्टीफेंस कॉलेज के हॉस्टल में रहता था, हालाँकि घर हमारा दिल्ली में ही था। बाबू से यह बहाना बनाकर हॉस्टल में रहने लगा था कि परीक्षाओं की तैयारी के लिए घर से अलग रहना ज़रूरी है। सच यह था कि हॉस्टल के मित्रों के साथ रहने का आनन्द और सम्मोहन कुछ अनूठा ही है। कॉलेज की लाइब्रेरी का एक दूसरा आकर्षण था, जहाँ मैं पास आती परीक्षाओं के तनाव से बचने के लिए डिनर की घंटी बजने से पहले वहाँ घड़ी-दो-घड़ी आकर बैठ जाता था। उन दिनों लाइब्रेरी में एक शेल्फ़ में वे पुस्तकें रखी जाती थीं, जिन्हें हाल ही में ख़रीदा गया था। हम उन्हें सिर्फ़ लाइब्रेरी में बैठकर पढ़ सकते थे। अपने कमरे में उस समय तक नहीं ले जा सकते थे जब तक वे कैटलॉग में दर्ज़ नहीं हो जाती थीं।

मुझे अब भी वह शाम याद है, जब मैं इन नई लाई पुस्तकों को उलट-पुलट रहा था। तभी मेरे हाथ में एक ऐसी पुस्तक चली आई, जिसका हर नया अध्याय टेढ़े अक्षरों (इटैलिक्स) से शुरू होता था; उसमें सिर्फ़ समुद्र की लहरों का विवरण था, जो दिन के हर पहर, रोशनी और छाया और उतरती धूप और गिरते अँधेरे में अपना रंग, अपनी उछाल, अपने ज्वार-भाटे के हृदयभेदी शोर में गूँजती रहती थी। इन लहरों में उपन्यास के उन छह मित्रों के जीवन के उतार-चढ़ाव प्रतिबिम्बित होते थे,

जो बचपन से एक-दूसरे के साथ रहे थे और लम्बे अन्तरालों बाद मिलते थे।

आपने अनुमान लगा लिया होगा, वह वर्जीनिया वुल्फ़ का उपन्यास था—'वेव्स' (लहरें)।

आनेवाली परीक्षाओं का तनाव रहा होगा, या स्वयं मेरे हॉस्टल जीवन का अकेलापन—कि उस शाम मैं सब कुछ भूलकर वह उपन्यास पढ़ता रहा, जो शायद वर्जीनिया वुल्फ़ की सबसे जटिल मर्मान्तक कृति है जिसमें समूची पुस्तक पात्रों के 'मोनोलोग्स' में रची गई है। एक पात्र बर्नर्ड का अन्तिम एकालाप जो 'ओ डैथ...' से शुरू होता है, मुझे बरसों तक उसी तरह त्रस्त करता रहा। जैसे यूलिसिस में मौली का प्रसिद्ध, कभी न ख़त्म होनेवाला वह वाक्य जिसमें वह 'यैस, एंड यैस, एंड यैस' कहकर समूचे जीवन की व्यथा और प्रेम के बीहड़पन को 'हाँ' कहती है।

मैंने यदि इस पुस्तक के बारे में कुछ विस्तार से कहा, तो इसलिए कि जो लेखिका बाद के वर्षों में मेरी सबसे प्रिय बन गईं, उनसे पहली बार 'साक्षात्कार' कितनी अजीब परिस्थितियों में हुआ था! मैं आज भी जब वह उपन्यास पुस्तकों की किसी दुकान में देखता हूँ, तो मुझे उसकी हरी ज़िल्द और हल्के पीले पन्ने याद आ जाते हैं, जिसे मैंने अर्द्धशती पहले एक शाम कॉलेज की लाइब्रेरी में देखा था।

मुझे 'हरी ज़िल्द' इसलिए भी याद है, क्योंकि उन दिनों आज की तरह पेपरबैक पुस्तकें बहुत कम मिलती थीं। पुरानी किताबों से हमारा लगाव सिर्फ़ उनके भीतरी 'कथ्य' से नहीं होता, उसके बाहरी आवरण, कवर पैकेट, पन्नों के ख़ास क़िस्म के काग़ज़, उनके अक्षरों का प्रिंट-टाइप और न जाने कितनी दूसरी चीज़ों के साथ जुड़ा होता है। 'मैजिक माउंटेन' और 'वार एंड पीस' जैसी पुस्तकों को जिस रॉयल साइज़ के आकार में पढ़ा था, आज उन्हें पॉकेट बुक में देखना और पढ़ना अश्लील कर्म जान पड़ता है। यह कुछ 'पहले प्रेम' जैसी बात है;

जब हम उसे याद करते हैं, तो सिर्फ़ चेहरा ही नहीं, सलवार-कमीज़ का रंग, चुन्नी लपेटने का अन्दाज़, चप्पलों पर लगी धूल—सब एक साथ याद आने लगते हैं। आज बरसों बाद जब मैं अपनी प्रिय पुस्तकों को सस्ते संस्करणों या नये अनुवादों में (चाहे वे कितने ही श्रेष्ठ क्यों न हों) देखता हूँ तो एक धक्का-सा लगता है। कुछ दिन पहले 'वार एंड पीस' के नये अनुवाद के पन्नों को उलटते हुए जब अपने प्रिय पात्र आन्द्रे का अंग्रेज़ी नामकरण 'एंड्रयू' में पाया तो गहरा आघात-सा लगा। मैंने झट से किताब को रैक में वापस रख दिया जैसे किसी अशुभ चीज़ को छू दिया हो, मैं चेख़ॅव की कहानियों और तुर्गनेव के उपन्यासों को सिर्फ़ कांसटेंट गार्नेट के चिर-परिचित अनुवादों में ही पढ़ सकता हूँ, चाहे वे कितने ही पुराने 'आउट ऑफ़ डेट' क्यों न बन गए हों, क्योंकि उन्हीं की भाषा में उनकी इन कृतियों की स्मृति मेरे हृदय-पटल पर अमर और अछूती जमी रह गई है। क्या शरत बाबू के उपन्यासों को धन्यकुमार जैन (या ऐसा ही कुछ नाम था उनका) के अनुवादों से अलग करके पढ़ा जा सकता है?

पुस्तकें अपने में तो मित्र हैं ही, उनके माध्यम से कभी-कभी अप्रत्याशित मैत्रियाँ भी जन्म ले लेती हैं। प्राग में जब मैं कुछ आइसलैंडी छात्रों से मिला, तो उनके लिए मैं उतना ही सुदूर ग्रह का प्राणी था, जितना वे मेरे लिए। किन्तु उनकी विनोदप्रियता, मेधावीपन, बियर पीने का शौक़ मुझे उनके पास ले आया; वे हँसी में मुझे 'कुआयट इंडियन' कहते थे, जिन्होंने ग्रैहम ग्रीन का उपन्यास 'कुआयट अमेरिकन' पढ़ा है, वे उनके इस नाम के पीछे छिपी व्यंग्यात्मकता को समझ गए होंगे। एक बार किसी पब में उनके साथ बियर पीते हुए मेरे मुँह से आइसलैंडी लेखक नोबेल पुरस्कार विजेता लैक्सनेस के उपन्यास 'इंडिपेंडेंट पीपल' का नाम सुनते ही वे कुछ हैरत में पड़ गए। उन्होंने शायद स्वप्न में भी नहीं सोचा था कि कोई भारतीय सुदूर, अनजाने देश आइसलैंड के किसी लेखक

की पुस्तकों से परिचित हो सकता है...फिर तो हमारी जान-पहचान घनी दोस्ती में बदल गई। पुस्तकों की एक सारी दुनिया हमारे सामने खुल गई थी। यह दोस्ती कुछ इतनी बढ़ी कि गर्मी की छुट्टियों में उन्होंने मुझे न केवल अपने देश आने का निमंत्रण दिया बल्कि जब मैं वहाँ पहुँचा तो मेरे जैसे एक अज्ञात भारतीय के साथ लैक्सनेस की मुलाक़ात की भी व्यवस्था कर दी। किसी विश्वविख्यात लेखक से जीवन में मैंने पहली बार कोई 'इंटरव्यू' लिया था।

एक ही ज़िन्दगी में हम पुस्तकों के सहारे न जाने कितनी विचित्र ज़िन्दगियों के गली-गलियारों में घूम आते हैं। आज यदि कोई मुझसे पूछे, तुम्हारे लिए सबसे बड़ा सुख क्या है, तो मैं बिना कुछ सोच-विचार किये कह सकता हूँ—किसी उनींदी दुपहर में घने पेड़ के नीचे चेख़ॅव की कोई कहानी, या टॉमस मान का उपन्यास या रिल्के के पत्र पढ़ना। और यदि यह सब न हो तो जापानी या प्राचीन चीनी या हायकू कविताओं की पतली-सी पुस्तक जो मैं धीमे बुख़ार के मौसम या—पतझड़ के दिनों में पढ़ना चाहूँगा।

और अन्त में उन मित्रों के लिए जो मेरी पुस्तकों को लेकर लौटाना भूल गए हैं, उन्हें शायद नहीं मालूम कि मेरी शेल्फ़ में एक ऐसी दुर्लभ पुस्तक है जो मैंने लन्दन के चैरिंग क्रॉस रोड की 'ऐंटीक' पुस्तकों की दुकान से ख़रीदी थी—टी.एस. इलियट की पुस्तक 'आफ़्टर स्ट्रेंज़ गॉड्स' का प्रथम संस्करण—सिर्फ़ दो पाउंड में। दुर्लभ इसलिए, क्योंकि इलियट ने प्रथम संस्करण के बाद उसे पुन: प्रकाशित करने की अनुमति नहीं दी। ईश्वर की दया से अभी तक वह उनकी नज़रों का शिकार नहीं बन पाई है।

विशेष सम्मानों पर दिये गए वक्तव्य

ज्ञानपीठ पुरस्कार

आदरणीय विष्णुकान्त शास्त्री जी, डॉ. सिंघवी जी, श्री आलोक जैन, श्री गुरदयाल सिंह, श्री रमेशचन्द्र जी और श्री दिनेश मिश्र जी,

आज इस अवसर पर भारतीय ज्ञानपीठ के प्रति आभार प्रकट करते हुए मैं उन सबको याद करना चाहूँगा जिन्होंने जाने-अनजाने में पहली बार लिखे हुए शब्द की दुनिया से परिचित करवाया था। उन्होंने मेरे भीतर एक ऐसी जादुई सृष्टि से साक्षात् कराया था कि जहाँ मैं किसी भी समय अपने अकेलेपन से उठकर एक दूसरी दुनिया में जा सकता था। यह एक ऐसी दुनिया थी, जिसमें सब चीज़ें प्राणी, समूचा जीव-जगत् अपना परायापन छोड़कर हमारे पड़ोस में चला आता है, हम बहुत-सी दुनियाओं और काल-खंडों में एक साथ जीने लगते हैं; हमें पहली बार इस बात का इलहाम होता है कि जो हमारे भीतर घटित होता है, वह बाहर भी उद्घाटित होता है। बाहर और भीतर की सीमाएँ सहसा टूट जाती हैं और सब कुछ अपने घेरों से मुक्त होकर एक दूसरे में प्रवाहित

होता जान पड़ता है। पहली बार मैंने इस प्रवाह को अपनी पीड़ादायक उज्ज्वलता में साहित्य में प्रकट होते देखा था—या शायद यह कहना ज़्यादा सही होगा कि किसी कविता या उपन्यास को पढ़ते हुए मैं स्वयं इस प्रवाह का अंश बन जाता था और तब मुझे लगता था कि एक बार उसकी सच्चाई का स्पर्श पाने के बाद आदमी किसी दूसरी सच्चाई के क़ाबिल नहीं रहता।

यह कैसी सच्चाई है, जो और भी दुर्लभ है और जिसे हम सिर्फ़ साहित्य में ही पा सकते हैं। यदि आप इसे पहेली न मानें, तो मैं कहूँगा कि साहित्य का सत्य उन विभिन्न जीवों की तरह है जो जन्म लेते ही अनेक में बँटने लगते हैं। एक ही छत्रच्छाया में भले ही किसी धर्म की मतान्धता अथवा राजनीति की तानाशाही फल-फूल सके, साहित्य का सत्य मुरझाने लगता है। साहित्य का मर्म अनेक सच्चाइयों की सहस्त्रधारा में ही अपनी पवित्र प्राणवत्ता ग्रहण कर पाता है। राजनीति, दर्शन या धर्मशास्त्र में एक जगह रुककर हम कह सकते हैं :

यही सम्पूर्ण सत्य है, आगे कुछ भी नहीं।

किन्तु साहित्य एक बेचैन नदी की तरह चट्टानों, पत्थरों, झाड़-झंखाड़ों के बीच 'यह भी नहीं, यह भी नहीं' कहता हुआ बहता जाता है। कितना अजीब है कि जीवन के अर्द्धसत्यों के बीच सम्पूर्ण सत्य पाने की अदम्य पिपासा से जिस कविता, कहानी, उपन्यास का जन्म होता है, हम अपनी प्यास उसी से बुझा पाते हैं।

इस दृष्टि से साहित्य अन्य अनुशासनों से बहुत अलग है—वहाँ कोई सीधा रास्ता निर्दिष्ट सत्य की ओर नहीं जाता, वहाँ अपने ही मन के अँधेरे गलियारों में भटकना पड़ता है—जहाँ यदि पैर लड़खड़ाते हैं तो कोई ऐसा सम्बल नहीं, जो आपको सँभाल सके। यदि सम्बल की तलाश हो, तो हमें साहित्य की शरण में नहीं जाना चाहिए—

वहाँ सन्देह और भी अधिक सघन होगा, अँधेरा और भी अधिक अन्धकारपूर्ण, तृष्णा और भी अधिक तृष्णाकुल। साहित्य में हम अपना सत्य केवल अस्तित्व के चरम छोर पर जाकर ही पा सकते हैं और चूँकि दुनियावी सुविधाओं के बीच हम वहाँ जाने का ख़तरा नहीं उठाना चाहते, साहित्य यह जोखिम हमारे लिए उठाता है। इसलिए हमें यह गर्व नहीं करना चाहिए कि हम साहित्य को कुछ देते हैं। हम जो कुछ लिखते हैं, एक तरह से इस ऋण से उऋण होने का विनम्र प्रयास करते हैं, जो हमने होमर, व्यास, शेक्सपियर और तुलसीदास, दोस्तोएव्स्की और टॉल्स्टॉय जैसे लेखकों से प्राप्त किया है। क्या हम कभी कल्पना कर सकते हैं कि उन्होंने जो दुनियाएँ हमारे लिए रची हैं, उनके बिना हमारी यह दुनिया कैसा अन्तहीन मरुस्थल बन जाती?

आज यदि इस अवसर पर मैं साहित्य के प्रति अपनी कृतज्ञता प्रकट करने खड़ा हूँ, तो सिर्फ़ इसलिए नहीं कि उसने जीने के मरुस्थल को थोड़ा-बहुत सहनीय बनाया है, बल्कि इसलिए भी कि उसने उन सब मरीचिकाओं के सम्मोहन को तोड़ने का दुस्साहस किया है, जिसने बीसवीं शती के मनुष्य को इतना आहत और दिग्भ्रमित किया था। शायद ही कोई ऐसा समय रहा हो, जहाँ लेखकों और कवियों को अपने लिखे हुए शब्द की ख़ातिर अपने घर से निर्वासित होकर विदेशी आकाश के नीचे शरण खोजनी पड़ी हो। मुझे आज तक वह दृश्य नहीं भूला है, जब रूसी कवि ब्रॉड्स्की को अपनी खिड़की के बाहर नंगे पेड़ पर ठिठुरते दो पक्षियों को देखकर अपने माता-पिता याद आते थे, जो अपने जीवनकाल में तो नहीं, पर मृत्यु के बाद पक्षियों की काया में अपने देश-निर्वासित पुत्र को देखने आते थे। और तब मुझे लगा, ब्रॉड्स्की के दो पक्षी उन पुरखों के ही प्रतीक तो नहीं हैं, जो इस उजाड़ शताब्दी में हर लेखक की मेज़ के पीछे चुप और अदृश्य खड़े रहते हैं ताकि वह अपनी रचना में उस घर को पुनः निर्मित कर सके, जो उसने इस धरती पर खो दिया था?

उसने अपने शब्दों से एक ऐसी वैकल्पिक दुनिया रच ली है, जहाँ हर निराश्रित व्यक्ति दुनिया के किसी कोने से बिना किसी जाति और देश का पासपोर्ट दिखाए शरणस्थल पा सकता है। साहित्य उस मिथकीय वृक्ष की तरह है, जिसकी जड़ें आकाश में फैली हैं, किन्तु उसकी ध्रुवी शाख़ाओं के तले समूची पृथ्वी अपना आवास-स्थल बना लेती है।

यदि इसी रूपक को थोड़ा और आगे बढ़ाएँ, तो क्या इस वृक्ष की हर शाख़ा एक भाषा नहीं है, जिसमें दुनिया की हर संस्कृति अपनी स्मृतियों और संस्कारों का घोंसला बनाती है? यदि मनुष्य का शरणस्थल साहित्य है तो प्रकृति का शरणस्थल भाषा है, जिसमें हर संस्कृति के बिम्ब और प्रतीक, स्वप्न और आकांक्षाएँ रूपायित होते हैं। हम जिस भाषा में लिखते-सोचते हैं, उसमें केवल अपने व्यक्तिगत भावों-भावनाओं को ही व्यक्त नहीं करते, बल्कि उसके माध्यम से एक समूची जाति और समाज की पहचान अपने विशिष्ट रंग-रूप में प्रकाशित होती है। हम हिन्दी लेखक अपनी चेतना में कितना ही आधुनिक क्यों न हों, लिखते समय हम न केवल जनभाषाओं की लोकधुनों, बल्कि हज़ारों वर्ष पुराने संस्कृत वाङ्मय के संस्कारों को अपने शब्दों में अनुगूँजित होता हुआ सुन सकते हैं। लेखक चाहे कितना ही स्वाधीन क्यों न हो, लिखते समय शब्दों के अधीन होता है। एक सीमा के बाद स्वयं भाषा हमारे विचारों और अनुभूतियों की दिशा नियंत्रित करने लगती है। यह भला हम भारतवासियों को नहीं, तो किसे मालूम होगा, जिनकी मानसिकता पर एक लम्बे अरसे से विदेशी भाषा का प्रभुत्व रहा है—और दुर्भाग्य से स्वतंत्रता के पचास वर्ष बाद आज भी है?

भारतीय ज्ञानपीठ समस्त भारतीय भाषाओं के उत्कृष्ट लेखन को—बिना किसी भेदभाव के सम्मानित करती है, मेरे लिए यह अतिरिक्त प्रसन्नता का विषय है। हममें से हर लेखक अपनी भाषा में लिखता है, किन्तु उसके कारण वह अनायास ही भारतीय भाषाओं की बड़ी बिरादरी

का सदस्य हो जाता है और जब मैं 'बिरादरी' का शब्द इस्तेमाल करता हूँ तो सिर्फ़ भौगोलिक दृष्टि से नहीं, बल्कि कहीं गहरे सांस्कृतिक अर्थ में, जहाँ हर भारतीय भाषा एक दूसरे से भिन्न होने के बावजूद एक ही ऐतिहासिक स्रोत से अपने-अपने सांस्कृतिक सन्दर्भ और स्मृति-संकेत प्राप्त करती है जिनमें उनकी अन्तर्निहित एकता वास करती है। आज इस मंच पर मेरे साथ पंजाबी के उत्कृष्ट कथाकार श्री गुरदयाल सिंह बैठे हैं; यह मेरा सौभाग्य तो है ही, भारतीय भाषाओं की परस्पर साझेदारी का भी उत्कृष्ट प्रमाण है, जिसकी ओर मैंने संकेत किया था।

इस दृष्टि से भारतीय साहित्य शायद दुनिया में अनूठा है, जहाँ हर लेखक को एक साथ अनेक काल-खंडों और अनुभव-स्तरों पर जीना पड़ता है। उसे अपने लेखन को सार्वभौमिक बनाने के लिए कहीं बाहर नहीं जाना पड़ता, क्योंकि बाहर का हर अनुभव कहीं-न-कहीं उसकी मनीषा में विचारित होता रहता है। न उसे पीछे मुड़कर अपने अतीत में जाने की ज़रूरत महसूस होती है, क्योंकि उसका अतीत किसी म्यूज़ियम में बन्द न रहकर उसके दैनिक जीवन के पर्वों और अनुष्ठानों में प्रवाहित होता रहता है। दो सौ वर्षों की औपनिवेशिक सत्ता ने उसकी मानसिकता में जो खरोंचें अंकित की हैं, उनके कारण उसे अपनी सांस्कृतिक अस्मिता को बार-बार पुन:परिभाषित करना पड़ा है और इस अभियान में उसने न केवल प्रेमचन्द, निराला, रवीन्द्रनाथ ठाकुर और सुब्रह्मण्यम भारती जैसे लेखकों से प्रेरणा प्राप्त की है, बल्कि पश्चिमी सभ्यता की चुनौती के सामने विवेकानन्द, श्री अरविन्द और गांधी जैसे व्यक्तियों की आध्यात्मिक धरोहर को मान्यता दी है। कोई साहित्यिक कृति सिर्फ़ भारतीय भाषा में लिखी जाने के कारण उत्कृष्ट नहीं हो जाती, किन्तु हर उत्कृष्ट कृति के पीछे एक अखंडित परम्परा की भावभूमि होती है, जो इन लोगों ने हमारे लिए सुलभ कराई थी। इसीलिए आज उन्हें स्मरण करना मुझे इतना महत्त्वपूर्ण जान पड़ता है।

इन शब्दों के साथ मैं पुनः ज्ञानपीठ के प्रति आभार प्रकट करता हूँ। सच पूछें तो यह पुरस्कार मेरे लिए नहीं, उन पुस्तकों के लिए है, जिन्हें मैंने अनेक आत्म-संशयों और शंकाओं के कुहासे के बीच लिखा था, जहाँ जितना सत्य दिखाई देता था, उससे कहीं ज़्यादा छिपा रहता था, इसीलिए मैं अपना वक्तव्य एक अन्य देश के लेखक के शब्दों के साथ समाप्त करना चाहूँगा, जिन्होंने एक लेखक की विडम्बना को सबसे मार्मिक ढंग से व्यक्त किया है :

> हम अँधेरे में काम करते हैं। हम वही करते हैं, जो कर सकते हैं। हमारे पास जो है, उसे दे देते हैं। हमारा संशय ही हमारा उन्माद है और हमारा उन्माद हमारी कला है...बाक़ी सब कला का पागलपन है।

ये हैनरी जेम्स के शब्द हैं, जिन्होंने कला को पागलपन कहा है। मैं इसमें सिर्फ़ इतना और जोड़ना चाहूँगा कि कोई अपने पागलपन के लिए पुरस्कार पाए, इससे बड़ा पागलपन और क्या हो सकता है!

[27 जनवरी, 2001, नई दिल्ली]

मूर्तिदेवी सम्मान

मैं ज्ञानपीठ के निर्णायक-मंडल के प्रति गहरा आभार प्रकट करता हूँ, जिसने मूर्तिदेवी पुरस्कार से मुझे गौरवान्वित किया। इससे बढ़कर आनन्द और सौभाग्य की बात क्या हो सकती है कि बुद्ध पूर्णिमा के शुभ दिवस पर वह सम्मान मुझे एक ऐसे देवतुल्य व्यक्तित्व के हाथों से मिले जो स्वयं अपनी धरती से निर्वासित होने के बावजूद समूची धरती की निर्वासित आत्माओं को अपनी करुणा में शरण देते हैं। मेरे लिए पवित्र पावन दलाई लामा हिन्दू-बौद्ध परम्परा के ही उज्ज्वल प्रतीक नहीं हैं, बल्कि मनुष्य-मात्र की मुक्ति और स्वाधीन चेतना के भी साक्षात् उदाहरण हैं। उनका आज यहाँ होना मेरे जीवन का तो सबसे पवित्र, गौरवशाली क्षण है ही, इससे अधिक सुन्दर, सुखदायी बात हम सबके लिए, समूचे भारत के लिए वह होगा, जब वह पूरी गरिमा और आत्मसम्मान के साथ अपनी पवित्र देशभूमि में वापस लौटेंगे।

क्या यह महज़ संयोग है कि दलाई लामाजी की उपस्थिति में मुझे आज जिस पुस्तक* के लिए सम्मानित किया जा रहा है, उसमें उन्हीं सनातन परम्पराओं का विचार किया गया है, जो आज इतिहास के थपेड़ों से भले ही आहत, क्षत-विक्षत दिखाई दें, किन्तु जिन्होंने पिछले पाँच हज़ार वर्षों से हमारी जीवन-धारा और चिन्तन-दिशाओं को निर्धारित किया है। इन परम्पराओं की खिड़की से हमने जहाँ पहली बार बाहर की सृष्टि से नाता जोड़ा था, वहाँ भीतर के आत्म से साक्षात्कार किया था। 'आत्म' और 'अन्य' के इस पवित्र संगम-स्थल पर ही उस विलक्षण चिन्तन-शैली और जीवन-दर्शन का प्रस्फुटन हुआ था, जिसे इतिहासकार 'भारतीय सभ्यता' कहते हैं। एक ऐसा सभ्यता-बोध, जिसमें प्रकृति का विराट लीलास्थल स्वयं अपनी चेतना में स्वायत्त है, मनुष्य द्वारा अनुशासित नहीं। पशु, पक्षी, नदी, पहाड़, देवी, देवता, मनुष्य के प्रभुत्व के नीचे नहीं, उसके सान्निध्य में बसेरा करते हैं। उन्हें अपने 'होने' की पवित्रता ऊपर बैठे किसी 'ईश्वर' से नहीं, उस 'ईश्वरीय तत्त्व' से मिली है, जो स्वयं उनके भीतर विद्यमान है। मुझे हमेशा लगता रहा है कि भारतीय संस्कृति के दो नहीं, तीन महाकाव्य हैं—'रामायण' और 'महाभारत' उसके लिखित पाठ हैं, तीसरा अलिखित महाकाव्य स्वयं भारतीय सभ्यता है, जिसे हम पढ़ते नहीं, क्योंकि हम स्वयं उसके द्वारा रचित हैं, उसके अनलिखे पन्ने पर हम स्वयं अपने को लिखते हैं। वह आज भी जीवित है, क्योंकि अन्य सभ्यताओं की तरह उसने अपने को बन्द नहीं किया—उसके पन्ने आज भी खुले हैं।

बीसवीं शती के आरम्भ में जब पश्चिमी सभ्यता अपने चरमोत्कर्ष पर थी, तब कौन कह सकता था कि उसके सार्वभौमिक प्रभुत्व को एक ऐसा अदना व्यक्ति चुनौती दे सकेगा, एक ग़ुलाम देश का नागरिक, जिसे कोई जानता भी न था। गांधीजी ने ठीक अपनी परम्परा की भावभूमि पर

* 'भारत और यूरोप : प्रतिश्रुति के क्षेत्र'।

खड़े होकर पश्चिमी सभ्यता की महाजनी महत्त्वाकांक्षाओं के खोखलेपन, उसकी हिंसात्मक लिप्साओं के विनाशकारी परिणामों को दर्शाया था। आज, शताब्दी के अन्तिम वर्षों में, जब मनुष्य की आत्मशून्यता का संकट और अधिक गहरा हुआ है, मुक्ति का सन्देश एक छोटे देश के महान प्रतिनिधि परम पावन दलाई लामा की ओर से आया है। क्या यह महज़ चमत्कारिक संयोग है कि बीसवीं शती के दो चरमबिन्दुओं के बीच, जहाँ आधुनिक सभ्यता की समस्त विचारधाराओं के ढूह और खँडहर दिखाई देते हैं, वहाँ इन दो महान् विभूतियों का सन्देश अपने परम्परागत सत्यों में अनुगुंजित होता हुआ उतना ही जीवनदायी और प्रासंगिक जान पड़ता है, जितना पहले कभी था?

दो आवाज़ों में प्रतिध्वनित होता हुआ एक सत्य, जो जब यह शताब्दी नहीं रहेगी, तो भी उसके मूक कुहासे में गूँजता रहेगा।

कैसा है यह सत्य जो पिछले पाँच हज़ार वर्षों की लम्बी यात्रा करते हुए हम तक पहुँच पाया है? कैसा है इसका आलोक जो दो सौ वर्षों की औपनिवेशिक दासता, आर्थिक विपन्नता और बौद्धिक अपंगता के अँधेरे को भेदते हुए आज भी हमारा मार्गदर्शन करता है? अथवा यह सिर्फ़ आत्म-छलना है जैसा कि हमारे रेडिकल राजनेता और प्रगतिशील बुद्धिजीवी मानते हैं—एक स्वर्ण-मरीचिका, जिसके पीछे हम भाग रहे हैं और जो अपने में कुछ नहीं, महज़ एक महान संस्कृति का बोझ, जिसे फेंकने के बाद ही हम 'प्रगति और विकास' के रास्ते पर बढ़ सकते हैं?

यह कोई नया प्रश्न नहीं है; पिछले दो सौ वर्षों से—जब से हम पश्चिमी सभ्यता के सम्पर्क में आए, यह प्रश्न हमें अपनी अस्मिता के प्रति ही शंकाकुल बनाकर एक घाव की तरह हमारी आत्मा में रिसता रहा है। संकट की घड़ी में हर प्राचीन सभ्यता, जिसका अस्तित्व ही इतिहास की 'विकासधारा' में सन्दिग्ध बन गया हो, अपने को नई आँख से देखने का उपक्रम करती है। एक निर्मम क्रूर, आँख, जिससे कुछ

नहीं बचता—न इतिहास की लहूलुहान खरोंच, न गन्दगी का कचरा, न कीचड़ में धँसी आत्मा, सब उसकी नंगी रोशनी में आ जाता है। पाँच हज़ार वर्ष की लम्बी यात्रा की धूल-थकान को कोई कैसे पोंछेगा, जब तक उसे परखेगा नहीं? यदि किसी परम्परा के जीवन्त होने की शर्त उसका आत्मान्वेषी होना है—एक ऐसी परम्परा—जो न तो समय के सस्ते भुलावों से भ्रमित होती है, न उसकी जोखिम-भरी चुनौतियों से मुँह मोड़ती है, तो पिछले दो सौ वर्षों का आत्म-संघर्ष भारतीय संस्कृति के जीवन्त होने का सबसे प्रामाणिक लक्ष्य है। राजा राममोहन राय से लेकर बंकिमचन्द्र चटर्जी, रवीन्द्रनाथ ठाकुर, विवेकानन्द, गांधी, श्री अरविन्द जैसे लेखकों, महर्षियों, चिन्तकों की एक लम्बी शृंखला रही है जिन्होंने इतिहास की धूल में खोए हुए रास्ते पर भारतीय सभ्यता के पद-चिह्नों को आँका था। हमारा-स्वतंत्रता आन्दोलन यदि दुनिया की सबसे शक्तिशाली साम्राज्य-सत्ता की जड़ों को हिला देने में समर्थ हुआ, तो इसलिए कि 'स्वतंत्रता' उसके लिए सिर्फ़ एक राजनीतिक मूल्य नहीं, एक वैकल्पिक सभ्यताबोध को अपने जीवन में प्रतिष्ठित करने का आदर्श था। वह अपनी खोई हुई 'पहचान' को पाने का स्वप्न था।

भारतीय सभ्यता का यह आत्मबोध ही वह आलोकस्तम्भ है, जिसके प्रकाश में हमें अपना अतीत, अपनी स्मृतियों, संस्कारों, मिथकों में हमारे वर्तमान का समकालीन जान पड़ता है। भारतीय परम्परा का यह विशिष्ट स्वभाव रहा है कि उसमें अतीत और वर्तमान अलग-अलग ऐतिहासिक खंडों में विभाजित नहीं, एक ही काल-प्रवाह के अभिन्न और अन्तरंग अंग हैं। परम्परा कोई बीते हुए समय की स्मृति नहीं, जिसे संग्रहालय में सुरक्षित रखकर छुटकारा पा लिया जाता है, बल्कि वह बराबर हमारे समकालीन द्वंद्वों और अन्तर्द्वंद्वों में एक नैतिक मापदंड, एक प्रामाणिक कसौटी, अन्तश्चेतना की आवाज़ बनकर हस्तक्षेप करती है। वह अपने को किसी एक धर्म-पुस्तक या किसी धर्म-प्रतिष्ठान तक सीमित नहीं रखती,

बल्कि हमारे समूचे जीवन-प्रवाह में अन्तर्निहित है। और जब यह प्रवाह किसी ऐतिहासिक दुर्घटनाओं अथवा हमारी अपनी भूलों से कुंठित हुआ है तो स्वयं हमरी परम्परा ने अपने भीतर से कबीर और तुलसीदास, प्रसाद और निराला जैसे कवि-मनीषियों को जन्म दिया है ताकि उनकी काव्यधारा में अपने को परिशोधित करके वह अपने को पुनः प्रवहमान बना सके। रामकृष्ण परमहंस कहा करते थे कि नदियाँ बहती हैं क्योंकि उनके जनक—पहाड़—अटल रहते हैं। भारतीय संस्कृति में चिरन्तन अटलता और सतत प्रवाहमयता का अलौकिक सम्बन्ध रहा है। यह वह सम्बन्ध है जिसमें हमारा अतीत हमारे वर्तमान में स्पन्दित होता है और समूची सृष्टि हमारे आत्म में प्रतिबिम्बित होती है।

स्वतंत्रता के पचास वर्ष बाद भी यदि आज हम अपने को अपनी ही संस्कृति के मूल-स्रोतों से विलगित पाते हैं तो क्या इसलिए नहीं कि जिस परम्परा की अनमोल धरोहर हमारे पूर्वज हमें सौंप गए थे, उसे कंकर समझकर हमने कहीं विस्मृति के अँधेरे में फेंक दिया है? यह एक ऐसी आत्म-निर्वासन की स्थिति है जहाँ हम स्वयं अपने घर में शरणार्थी बनकर रह रहे हैं। वर्षों पहले मैं एक पत्रिका का रिपोर्टर बनकर प्रयाग के कुम्भ मेले में गया था। संगम के तीर्थ-स्थल पर लाखों यात्री भारत के सुदूर कोनों से आए थे। मेरे आगे-पीछे एक अथाह जन-समूह था, सुबह के अँधेरे में उगते हुए सूर्य की ओर बढ़ता हुआ—और तब मुझे लगा, जैसे वह भारतीय संस्कृति का ही जीता-जागता प्रतीक हो, शताब्दियों से चलती एक तीर्थयात्रा—बीच-बीच में रुकती हुई, रास्ता भूलती हुई, धूल और मिट्टी से बनी हुई—लेकिन इस सबके बावजूद सतत प्रवहमान! अपनी सभ्यता की सतह पर जमी हुई मैल-कीचड़ को न देख पाना उतनी ही बड़ी आत्मछलना होगी, जितना सतह के नीचे बहती हुई उस जल-धारा को न देख पाना, जिसमें उसका सत्य अन्तर्निहित है। नदी, लोग, विश्वास, मिथक—एक संस्कृति के असंख्य बिखरे कण जो अपने

अलगाव में इतने विपन्न और जर्जरित जान पड़ते हैं, किन्तु एक-दूसरे से जुड़ते ही जीवन की समूची अर्थवत्ता को उजागर कर जाते हैं। भारतीय संस्कृति का यह बहुकेन्द्रीय सत्य, संगम की अदृश्य सरस्वती की तरह, अन्त:सम्बन्धों की पवित्रता में निहित है। मिथक और स्मृति, शब्द और मौन, मृत्यु और पुनर्जन्म—सब एक-दूसरे से इतने अन्तरंग ढंग से जुड़े हैं कि एक को दूसरे से अलग करते ही समूची सभ्यता का ताना-बाना टूटने लगता है।

क्या हम भारतीय संस्कृति को इस टूटन और बिखराव से बचा सकते हैं? 'हम' से मेरा अभिप्राय उन सबसे है, जो अपने को इस संस्कृति का उत्तराधिकारी मानकर उसकी गौरव-गाथा तो गाते हैं, किन्तु उसके प्रति हमारा जो ऋण है, उसे चुकाने से कतराते हैं—मेरे निबन्धों की केन्द्रीय चिन्ता इस प्रश्न के साथ जुड़ी है। पिछले वर्षों में जिस बौद्धिक अराजकता, नैतिक सनकीपन और आत्मघृणा के वातावरण में हम जी रहे हैं, उसमें यह प्रश्न अतिरिक्त महत्त्व प्राप्त कर लेता है। मैंने यदि साहित्य की भावभूमि पर इस प्रश्न को अपनी चिन्ताओं के केन्द्र में रखना उचित समझा, तो इसलिए कि साहित्य भाषा का वह सृजनात्मक क्षेत्र है, जिस पर चलकर हम अपनी स्मृति के मूलाधारों की ओर लौटते हैं। हर महान साहित्यिक कृति—वह कविता हो या उपन्यास—हमें विस्मृति के सुविधाजनक भुलावे से उबारकर स्मृति के निर्मम, चुँधियाते आलोक में लाती है। साहित्य और कुछ नहीं, संसार की भीड़ में अपने विलुप्त चेहरे की पहचान है। हर साहित्यिक रचना हमारे भीतर के दरवाज़ों को खोल देती है, जिनकी चौखट के पीछे न जाने कितने पूर्वजों की स्मृतियाँ कान लगाए खड़ी रहती हैं, ताकि वे अपने को दुबारा से हमारे शब्दों में सुन सकें। इसीलिए मैं अपने निबन्धों और कहानियों में किसी तरह की फाँक नहीं देखता। दोनों की तृष्णाएँ भले ही अलग-अलग हों, शब्दों के जिस जलाशय से वे अपनी प्यास बुझाते हैं, वह एक ही हैं।

निबन्ध मेरी कहानियों के हाशिए पर नहीं, उसके भीतर के रिक्त स्थानों को भरते हैं, जहाँ मेरी आकांक्षाएँ सोती हैं।

यह एक विशेष कारण है कि मैं भारतीय ज्ञानपीठ का आभारी हूँ, जिसने जिस दिवंगत महिला की पुण्यस्मृति में यह पुरस्कार दिया, कितना सुन्दर नाम है : मूर्तिदेवी, वह मेरी निबन्धों की पुस्तक पर है। यह पुस्तक एक तरह से मेरे उन अकेले वर्षों की साक्षी है, जब मैं अपनी शंकाओं में अपने साहित्यिक समाज की प्रचलित, पूर्वनिर्धारित धारणाओं से अपने को असहमत और अलग पाता था। उन कठिन दिनों में मुझे हमेशा उन लेखकों के निबन्धों से गहरी प्रेरणा मिलती थी—जॉर्ज ऑरवेल और अल्बैर कामू, वात्सलाव हावेल और अज्ञेय—जिन्होंने बदनामी और अपयश के सभी जोखिम उठाकर अपनी अन्तश्चेतना का सत्य कहने का साहस किया था। आज के दिन मैं विशेष रूप से उनकी पुण्यतिथि को सँजोता हुआ एक बार फिर परम पावन दलाई लामा और आप सबके प्रति अपनी हार्दिक कृतज्ञता प्रकट करता हूँ, जिन्होंने अपनी उपस्थिति से मुझे गौरवान्वित किया।

[मूर्तिदेवी पुरस्कार मिलने पर अभिभाषण]

साहित्य अकादेमी पुरस्कार

एक लेखक के लिए किसी संस्था द्वारा दिया गया पुरस्कार अथवा सम्मान काफ़ी संकोच और संशय का कारण साबित हो सकता है। वह चूँकि बाहर की दुनिया के प्रति हमेशा शंकालु रहता है और उस दुनिया के प्रति सन्दिग्ध, जो उसने अपनी कथा-कहानियों में निर्मित की है, इसीलिए उसे हमेशा यह सन्देह कोंचता रहता है कि जो सम्मान और स्वीकृति उसने पाई है, वह कहीं किसी ग़लतफहमी या आत्मप्रपंच पर तो आधारित नहीं है? किन्तु इसके साथ जब कभी इस तरह का कोई अवसर आता है, तो उसे एक प्रकार का धीरज और आत्माश्वासन भी महसूस होता है। कहानी, उपन्यास लिखना काफ़ी अकेलेपन का व्यापार है। वह किसी विज्ञान-सम्बन्धी पुस्तक अथवा समाजशास्त्रीय ग्रंथ रचने से बहुत भिन्न है, जिन्हें न्यूनाधिक विश्वसनीय और वस्तुपरक निकषों पर परखा जा सकता है। कलाकृति के साथ यह विचित्र बात है कि आज तक किसी ऐसी प्रामाणिक कसौटी का ईजाद नहीं हुआ,

जिसके आधार पर किसी कविता या उपन्यास की मूल्यवत्ता तुरन्त परखी और पहचानी जा सके। इसलिए जब किसी लेखक को कोई सम्मान मिलता है, तो उसे लगता है, चाहे कुछ देर के लिए ही सही, वह अब दुनिया की आँखों में थोड़ा-बहुत 'सम्मान्नीय' हो गया है। उसे लगता है कि उसे अपने एक ऐसे धन्धे के लिए वैधता प्राप्त हो गई है, जो प्लेटो के ज़माने से सन्दिग्ध और बदनाम माना जाता रहा है।

किन्तु जैसा मैंने अभी कहा, यह आश्वासन क्षणभंगुर है। जल्दी ही नई तरह की शंकाएँ उसे घेरने लगती हैं और इस बार वे उसे अपने लेखन की मूल्यवत्ता पर उतनी नहीं, जितनी स्वयं 'लेखन के कर्म' पर होती है—और यदि यह लेखक संयोगवश भारतीय लेखक हुआ, जो भारत के किसी महानगर में रहता है और लिखता है, तो ये शंकाएँ और भी अधिक सघन और अवसादपूर्ण हो जाती हैं।

मैं इसे थोड़ा स्पष्ट करूँ। कोई भी कलाकृति, वह चाहे कितनी ही सुदूर कल्पना की फ़न्तासी क्यों न जान पड़े, हमेशा एक ऐसे यथार्थ-बोध पर टिकी होती है, जो हमारे चारों ओर फैली दुनिया को परिवर्तित और परिभाषित करती है—हम उसे कुछ नये ढंग, ताज़ी निगाहों से देखने लगते हैं। भारतीय परम्परा में कला और दुनिया के यथार्थ के बीच का सम्बन्ध हमेशा से ही कुछ पवित्र माना जाता रहा है। उसमें एक तरह की आवेगपूर्ण मांसलता रही है और यह मांसलता ऐन्द्रिक होने के बावजूद एक प्रकार की ईश्वरीय दिव्यता में आलोकित होती है—शिव के चेहरे की तरह कला जीवन को परिभाषित ही नहीं करती, बल्कि स्वयं कलाकृति में जीवन परिभाषित होता दीखता है। भारतीय मन्दिरों और मूर्तियों में तो यह देखा ही जा सकता है, किन्तु 'महाभारत' जैसे महाकाव्यों में भी कला और जीवन का यथार्थ सम्पृक्त जान पड़ते हैं—दो जुड़ी हुई चीज़ें नहीं, बल्कि एक अखंडित इकाई।

किन्तु ऐसी परिस्थितियाँ भी आती हैं, जहाँ यही सम्बन्ध अत्यन्त त्रासद और यातनामय भी सिद्ध हो सकता है। एक लेखक का यथार्थ-बोध निरन्तर आक्रान्त और आक्रामित हो सकता है—उस दुनिया द्वारा नहीं, जिससे वह जुड़ा है—बल्कि उन शक्तियों द्वारा, जो उस दुनिया का प्रतिनिधित्व करने का दावा करती हैं। इसी अर्थ में किसी व्यक्ति का धार्मिक-बोध साम्प्रदायिक शक्तियों अथवा उसका 'न्याय-बोध' साम्यवादी शक्तियों द्वारा आहत और आक्रान्त होता है। छद्म की आड़ में सत्य छिप जाता है। एक भारतीय लेखक को बराबर यथार्थ और उसकी छायाओं के चक्रव्यूह में अपनी यात्रा करनी पड़ती है। शायद ही दुनिया का कोई ऐसा देश हो, जहाँ लेखक को एक साथ 'यथार्थ' की इतनी प्रतियोगी, परस्पर-विरोधी छवियों के साथ मुठभेड़ करनी पड़ती हो, जितनी भारत में। इनमें वे आक्रामक विचारधाराएँ भी हैं, जो परिवर्तन और क्रान्ति की छवियाँ प्रस्तुत करती हैं, लोकतंत्र और धर्मनिरपेक्षता की वे धाराएँ भी हैं, जो पश्चिम से आयात की गई हैं, तत्त्वज्ञान और दर्शन की वे अन्तर्दृष्टियाँ भी हैं, जो सबसे प्राचीन, परम्परागत संस्कारों से सम्बन्ध रखती हैं। क्या कोई ऐसी प्रतिनिधि छवि है, जो भारतीय यथार्थ का आत्यन्तिक रूप प्रस्तुत कर सके? या इसकी खोज अपने में एक मरीचिका है?

सम्भव है, ऐसी स्थिति से हताश होकर एक लेखक अपने 'निजी यथार्थ' की ओर लौटना चाहे—एक ऐसे वैयक्तिक विज़न का आलोकमंडल—जहाँ बाहरी दुनिया की अनर्गल, अँधेरी, असंगत आवाज़ों से विमुख होकर वह पूरी निष्ठा और आस्था से अपने सत्य की एकमात्र पवित्र लौ पर अपना ध्यान एकाग्र कर सके, यह आशा कर सके कि अपनी इस लौ में वह बाहर का अँधेरा समेट सकेगा, अपने मौन में बाहर की आवाज़ों को एक अर्थ और अन्विति दे सकेगा। सम्भव है, इस रास्ते से वह अपनी लेखकीय ईमानदारी को अक्षुण्ण रख सकता है। बदले में शायद उसका 'यथार्थ-बोध' थोड़ा-सा धूमिल पड़ जाए,

उतना यथार्थवादी न रहे, जितना लोग आज की दुनिया में टी.वी., समाचार-पत्रों और राजनीतिक विचारधाराओं से इतनी जल्दी और इतनी आसानी से उपलब्ध कर लेते हैं। इससे लेखक को ज़रूर कुछ क्षति होगी, किन्तु वह उस लेखक से कम दुर्भाग्यपूर्ण होगी, जो अपने 'समय का प्रतिनिधि' होने के प्रलोभन में भारतीय यथार्थ की बहुमुखी विविधता को एक सँकरी नाली में संकुचित कर देता है। दुर्भाग्यपूर्ण यह बात नहीं है कि ऐसी संकीर्णता उसकी कल्पनाशील मेधा को कुंठित कर देती है—हालाँकि ख़ेदजनक बात यह भी है—बल्कि असली ख़तरा यह है कि सत्य के एक रूप से अपने को जोड़कर वह यथार्थ का मुक्त द्रष्टा नहीं रह पाता। वह उस बुलाहट को अनसुना कर देता है, जिसे सुनकर उसने लेखक होना तय किया था। वह कुछ भी हो—तब लेखक नहीं रहता।

यदि ऐसा होता है, तो शायद यह एक लेखकीय जीवन की सबसे दुखद दुर्घटना है। दुनिया में भारत उन कम देशों में एक है, जो अपनी ग़रीबी, राजनीतिक सनकीपन और प्रशासनिक अराजकता के बावजूद अब तक अपने भीतर एक ऐसी लोक-मानस की लीलाभूमि सँभाले है, जहाँ एक लेखक की कल्पना आज भी अपेक्षाकृत मुक्त भाव से सत्य और भ्रम, माया और यथार्थ, सनातन परम्परा और इतिहास की छायाओं के बीच विचर सकती है। आज के युग में यह आसान नहीं है...कुछ वर्ष पहले तक कम्यूनिस्ट देशों में लेखकों की क्या दशा थी, यह हमसे छिपा नहीं है। आज की दुनिया के बड़े भूभाग में—चीन से लेकर ईरान और अरब देशों में ऐसी परिस्थितियाँ हैं, जहाँ लेखक का व्यवसाय वेश्यावृत्ति से अधिक गौरवपूर्ण नहीं है। जो लेखक मानसिक दासता के दायरे को ज़रा भी लाँघता है, उसे सलमान रुश्दी की नियति का सामना करना पड़ता है।

यदि हमारे देश में ऐसी स्थिति नहीं है, तो इसका श्रेय पश्चिमी लोकतंत्र की विरासत को नहीं जाता, जो अंग्रेज़ शासक अपने पीछे छोड़ गए थे। यह विरासत तो वे भारत के उस खंड में भी छोड़ गए थे,

जिसे आज हम पाकिस्तान कहते हैं—जहाँ आज वह सर्वथा लुप्त हो गई है। यह नहीं कि पश्चिमी मूल्यों की जड़ें हमारे देश में सशक्त नहीं हैं। भारत के शहरी शिक्षित वर्ग पर पश्चिम की उदारवादी लोकतांत्रिक धारा का प्रभाव हमेशा रहा है, जिसकी अभिव्यक्ति एक ओर समाजवाद और दूसरी ओर धर्मनिरपेक्षतावाद में हुई है। आज हमारे समाज में दोनों की जो दयनीय भूमिका देखने में आती है, वह हमारे बौद्धिक उथलेपन की ही निशानी है। वर्षों से समाजवादी आन्दोलन—पश्चिम की नक़ल में—हमारे समाज को वर्गों में बाँटता रहा है, जो उतना ही कृत्रिम है, जितना वह धर्मनिरपेक्षतावाद, जो भारतीय समाज के धार्मिक स्वभाव को नकारकर उसे अल्पसंख्यक और बहुसंख्यक सम्प्रदायों में विभाजित करने की चेष्टा करता रहा है। दोनों ने ही हमारी संस्कृति के उस लोकमानस को विकृत करने का प्रयास किया है, जहाँ लोकतंत्र की मर्यादाएँ पिछले दो हज़ार वर्षों के दौरान एक विशिष्ट भारतीय परिवेश में विकसित हुई थीं...गांधीजी जब वर्गों और सम्प्रदायों के बीच सौहार्द की चर्चा करते थे, तो उनका सन्दर्भ-बिन्दु यही लोक-मानस था, पश्चिम का लोकतंत्र और समाजवाद नहीं। यदि आज भारतीय लेखक अन्य देशों की तुलना में अपना सत्य अधिक सहिष्णुता और स्वातंत्र्य के परिवेश में कह सकता है, तो उसका श्रेय उसी सांस्कृतिक परम्परा को जाता है, जो इतिहास के थपेड़ों द्वारा गँदली, कुंठित और जर्जरित अवश्य हुई है, किन्तु इतनी मन्द और मलिन नहीं हुई, जो लेखक के इस अधिकार को छीन सके कि वह सत्य को सत्य और झूठ को झूठ करने का साहस नहीं कर सके।

पिछले वर्षों में, जो भयानक बात हुई है, वह यह नहीं कि भारतीय समाज में स्वतंत्रता का यह परिवेश संकुचित हुआ है, बल्कि यह कि पश्चिमी शिक्षा से लैस भारतीय बुद्धिजीवी वर्ग ने स्वयं इस परिवेश की अवहेलना करके सच और झूठ के विवेक को खो दिया है। भारतीय लेखक का सही और असली विरोध भारत के इस छद्म बुद्धिजीवी वर्ग से होना चाहिए।

इस वर्ग ने भारतीय यथार्थ के विभिन्न और बहुमुखी—सही अर्थों में लोकतांत्रिक सत्य को एक छद्‌म यथार्थ में अवमूल्यित किया है। आज हम जो अपने समाज में हिंसा और असहिष्णुता का वातावरण देखते हैं, वह हिन्दुओं और मुसलमानों की साम्प्रदायिक असहिष्णुता नहीं है—बल्कि वह उस तथाकथित 'सेक्यूलर' मानसिकता की देन है, जिसका प्रतिनिधित्व हमारा बुद्धिजीवी वर्ग करता है। सत्ता के गलियारों में जो 'यथार्थ' इतना उथला और सतही जान पड़ता है, वही उनके बाहर जन-मानस के विराट और व्यापक परिप्रेक्ष्य में इतनी गहरी मानवीय वास्तविकता, इतनी पीड़ा और सहानुभूति, इतनी सघन संवेदनात्मकता ग्रहण कर लेता है कि वह एक स्वप्न-सा जान पड़ता है। एक भारतीय लेखक का नाता इस स्वप्न से है, उस यथार्थ से नहीं, जो हम पर आरोपित किया जाता है। भारतीय लेखक की सृजनशीलता इसमें निहित है कि वह भारतीय स्वप्न के यथार्थ को भारतीय यथार्थ की छद्‌मता से अलग कर सके।

शायद ही कोई ऐसा देश हो, जिसके भौगोलिक परिवेश में शताब्दियों से इतनी मिथक-कथाएँ, स्वप्न-बिम्ब, देवी-देवता एक साथ रहने की जगह जुटा पाते हैं, जितनी भारत में। यह एक ऐसा पावन, जादुई प्रदेश है, जो इतिहास की आक्रामक धाराओं को झेलता हुआ अपने भीतर जैविक अर्थों और ईश्वरीय सन्देशों की एक ऐसी व्यवस्था संयोजित कर सका है जिसे जाने बिना कोई भी भारतीय लेखक और बुद्धिजीवी अपने समाज के कार्यकलाप में कोई सार्थक हस्तक्षेप कर सकेगा, मुझे सन्देह है। हमारे बुद्धिजीवी वर्ग का—विशेष कर उसका, जो अंग्रेज़ी भाषा और शिक्षा से सम्पन्न है—सबसे बड़ा अपराध यह नहीं है कि वह भारत की इस बिम्ब-मिथक-परम्परासम्पन्न व्यवस्था के प्रति सर्वथा अज्ञानी है। अज्ञान को क्षमा किया जा सकता है। कठिनाई तब उत्पन्न होती है, जब यह वर्ग अज्ञान की आड़ में समाजवाद, सेक्यूलरिज़्म, न्याय और समता के तथाकथित क्रान्तिकारी नारों से अपने ही समाज की मूल

मर्यादाओं को नष्ट करना चाहता है। यूरोप और भारत में साम्यवाद की असफलता ने इस वर्ग को कुछ भी नहीं सिखलाया है। जन-मानस के प्रति उसका अज्ञान जितना अधिक गहरा होता जाता है, उतना ही वह अधिक आक्रामक ढंग से 'जन-वादी' होता जाता है।

यह जन-मानस है क्या? वह ऐसी ज़ातीय स्मृतियों और संस्कारों के टेक्स्चर से बुना गया है, जिसे 'जानने' के लिए किसी लेखक को बाहर जाने की ज़रूरत नहीं है। उसके अन्धकार और आलोक की परतों को एक लेखक अपने भीतर ही उघाड़ सकता है—प्लेटो की उन गुहा-छायाओं की तरह, जिन्हें वह अपनी आत्मा पर तिरता हुआ देखता है। प्रश्न उनसे लड़ने-भिड़ने का नहीं है। एक लेखक उन्हें वाक्सूत्रित करता है, उद्घाटित नहीं। उद्घाटन से रहस्य अनावृत नहीं होता, सिर्फ़ नष्ट हो जाता है। एक भारतीय लेखक यदि किसी अर्थ में अन्य देशों के लेखकों से अलग है, तो सिर्फ़ इसमें कि वह न अपने सेल्फ़ का प्रवक्ता है पश्चिमी लेखकों की तरह, न अपने समाज का प्रतिनिधि है, एक क्रान्तिकारी की तरह—उसकी कोशिश यह है—या होनी चाहिए—कि वह सेल्फ़ और समाज के बीच के अदृश्य सेतु को रूपायित कर सके...एक कविता, एक उपन्यास, एक कलाकृति में...किन्तु यह तभी हो सकता है, जब हम सेतु के बीच बहती अजस्र धाराओं को मुक्त रूप से अपने भीतर बहने दें; उन सब शक्तियों, सत्ताओं और विचारधाराओं का विरोध करें, जो इस प्रवाह को कुंठित और कलुषित करती हैं, या उस पुल को विध्वस्त करने की कोशिश करती हैं, ताकि लेखक के सेल्फ़ और समाज, दोनों को एकांगी बनाकर उसके रचना-कर्म को अवमूल्यित किया जा सके।

आइए, इसके बाद हम दुबारा लेखक की कोठरी की ओर लौटें, जहाँ वह सम्मानों और पुरस्कारों के परे—अपनी मेज़ पर अकेला बैठा है, एक अजीब, उत्पीड़ित भारतीय लेखक। उसे देखकर करुणा भी आती है

और गर्व भी होता है। लम्बे अन्दरूनी संघर्ष और असीम धैर्यपूर्ण प्रतीक्षा के बाद वह आख़िर एक ऐसी 'आलोकित जगह' पर आ पहुँचा है, जहाँ वह अपनी कविता या उपन्यास शुरू कर सकता है। यह एक ऐसी जगह है, जो उसे न शासन-सत्ता ने दी है, न इतिहास ने। वह उसे अपने अतीत की विरासत से मिली है एक पवित्र वरदान के रूप में। यह एक ऐसी जगह है, जहाँ वह अकेला हो सकता है, अनाथ नहीं। यहाँ वह एक ऐसी भाषा गढ़ता है, जिससे वह आधुनिक युग की आक्रामकता का सामना कर सकता है। वह एक ऐसी सक्षम और सशक्त भाषा है, जिसकी मदद से वह अपनी पूरी सम्पदा को सतह की रोशनी में लाता है, जो शताब्दियों से हमारी चेतना की परतों तले दबी पड़ी थी, एक दुधारी भाषा, जो अपने लेखकों से असीम साहस की माँग करती है और अबाध प्रेम की; प्रेम—लिखे हुए शब्द के प्रति, ताकि उसके द्वारा जीवन का हसीन और हसरत-भरा सत्य बाहर आ सके; साहस—जिसके द्वारा वह अपने समय की दानवी शक्तियों का सामना कर सके, जो आधुनिकता और प्रगति के नाम पर उसके समूचे सांस्कृतिक परिवेश को दूषित करने में जुटी हैं—एक ऐसा परिवेश, जिसके बिना कोई महान रचना जन्म नहीं ले सकती। एक लेखक की ज़िम्मेवारी यही है कि वह एक ऐसे परिवेश को सुरक्षित रख सके, जहाँ वह न केवल अपना अतीत पुनर्जीवित कर सके, बल्कि उसे भी आलोकित कर सके, जो मृत्यु के परे है। यह उसकी ज़िम्मेवारी भी है—और स्वप्न भी। क्या येट्स ने नहीं कहा था :

सपनों में ही हमारी ज़िम्मेवारियाँ शुरू होती हैं?

[यह निबन्ध लेखक के उस वक्तव्य का परिशोधित रूप है, जो उन्होंने 1986 में साहित्य अकादेमी पुरस्कार स्वीकार करते हुए दिया था।]